작은 기적

존재를 깨우는 소박한 이야기

작 은 기 적

석 호 지음

도서출판 연 화

차 례

머리말/

바래기풀 이야기

콘크리트로 덮은 마당의 갈라진 틈새를 비집고 풀잎 하나가 피어났습니다. 송곳조차 꽂아 넣기 힘들어 보이는 비좁은 틈입니다. 잔 먼지가 끼어들어 양분이 된 걸까요? 풀잎은 하루가 다르게 자라나 지금은 키가 한 뼘이 넘었습니다. 잔디같이 길고 끝이 뾰족한 잎을 가진 바래기풀입니다. 잔디 보다 더 크게 자라나지요.

바래기풀은 자신이 왜 그토록 비좁고 척박한 자리를 차지하였는지 까닭을 알 수가 없었습니다. 물론 자신이 부드러운 모래땅을 좋아한다는 사실도 알지 못했지요.

다만 가끔 흘러내리는 빗물이 갈증을 달래주니 고마웠지요. 또, 집주인이 씻어 내린 차 먼지 섞인 물은 유일한 별미로서 몸 마디마디를 즐겁게 해 준다는 사실도 안답니다. 하지만 바래기풀이 정작 넋을 놓을 정도로 반기는 상대는 따로 있지요.

바로 바람아저씨랍니다. 바람아저씨는 하루에 수십 번도 넘게 찾아와 세상 소식을 전해주지요. 또, 바래기풀이 궁금해 하는 것들을 죄다 얘기해 준답니다. 바람아저씨는 척척박사지요. 그 뿐이겠어요? 바래기풀을 괴롭히는 개미 녀석들도 혼내주고 몸에 묻은 때도 털어 없애주지요. 그래서 바람아저씨가 자기를 사랑한다는 것을 바래기풀은 온몸으로 느끼지요. 그리고 자신도 바람아저씨를 너무 사랑한답니다. 하지만 처음부터 그랬던 건 아니었지요.

세상에 처음 고개를 내밀던 순간, 바람이 불어왔지요. 바람이 불어왔을 때 '슬벅슬벅' 온몸을 짓눌러 뭉개버릴 것 같은 차갑고 무거운 힘에 바래기풀은 거의 까무러칠 뻔 했지요. 놀람과 두려움에 사로잡혀 몸을 벌벌 떨 때 바람아저씨가 푸근한 목소리로 말을 건네 왔지요.

"너는 생명이다. 항상 보호 받으리니 두려워 말라."

바래기풀은 그 말에 다소 안심이 되었지만 제 몸을 바람 마음대로 휘두르는 태도가 아무래도 횡포로 여겨져 소리쳤습니다.

"지금 나를 괴롭히잖아요!"

그러자 바람은 점잖게 대답하였습니다.

"너는 여전히 보호받고 있다. 너는 성숙해질 것이다."

그 음성은 점잖았지만 단호하여 바래기풀은 꽁무니를 내릴 수밖에 없었지요. 그리고 참으로 그 말대로 되어갔습니다.

바람아저씨가 매 번 지날 때마다 바래기풀의 뿌리는 콘크리트 틈 사이사이를 비집고 파고들어가 점점 깊게 뻗어갔고 몸통은 더욱 굵어졌습니다. 얼마 지나지 않아 바래기풀은 바람아저씨랑 친해졌지요. 살랑살랑 몸을 흔들며 애교를 부리기도 하고, 어느 시인의 표현처럼 바람아저씨보다 먼저 눕고 먼저 일어설 정도로 말이에요.

뙤약볕이 작열하는 여름날, 바래기풀은 훌쩍 자라나서 여러 개의 줄기를 달게 되었지요. 순간순간 세기를 종잡을 수없는 바람아저씨의 변덕스런 태도에도 익숙해져 있었고요.

그 동안 고양이의 발에 채여 줄기 하나가 부러지고, 나방 유충의 습격으로 잎사귀에 숭숭 구멍이 나는 등 많은 일들이 일어났지만 흐른 시간만큼 바람아저씨를 통해 많은 사실 또한 알 수 있었지요.

「자신은 본래 모래땅에서 무성하게 자라날 운명이었지만 스스로의 선택에 의해 콘크리트 틈새에서 피어나게 되었고, 그 선택의 이유는 경험하지 못한 새로운 삶을 배우기 위해서였다고.

그 선택이 있기 전에 먼저 바래기풀 자신의 생각이 있었으며, 그 생각이 바람아저씨에게 전해져 그 작업을 바람아저씨가 도와줬다고. 그로 인해 보통의 바래기풀은 옆으로 뻗어 여러 가닥의 뿌리를 내려 자라지만 자신은 콘크리트라는 환경 때문에 위로 자라난 특별한 바래기풀이 되었다.」는 등등을 말입니다.

따가운 햇살을 피해 바람아저씨도 어디로 갔는지 사위가 잠잠합니다. 바래기풀은 생각을 정리해 봅니다.

(시작은 나였지만 바람아저씨의 배려가 없었다면 나는 아무 것도 아니었을 수 있다. 그런데 나는 한 번도 바람아저씨께 고맙다는 인사를 한 적이 없다. 오늘 만나면 고맙다는 인사를 꼭 해야겠다. 그리고 궁금한 것이 하나 있다. '생각이 있기 전 나는 뭐였나?')

'생각이 있기 전 나는 뭐였나?……' 한참 동안 궁리해도 바래기풀은 답을 찾을 수가 없습니다. 옆집의 높은

담벼락이 긴 그늘을 만들어 마당의 반쪽을 덮었을 때 바람아저씨가 부드러운 손길을 내밀며 다가왔습니다. 바래기풀은 바람아저씨의 손길을 따라 살랑살랑 춤추며 인사합니다.

"아저씨, 얼마나 기다렸다고요. 그리고 아저씨, 정말 고맙습니다."

"고맙다는 인사를 듣게 되다니, 나도 정말 고맙구나. 그래. 너는 무엇이 고마운 것이냐?"

바람아저씨의 대답에 바래기풀이 주섬주섬 말을 담습니다.

"아저씨 덕분에 제가 생명을 가졌잖아요. 오늘 곰곰 생각해보니 슬픔이든, 기쁨이든, 제가 느끼는 모든 이해가 생명을 통해 이뤄지는 걸 깨달았습니다. 아저씨가 하셨던 말씀처럼 그 이해를 통해 또 성숙해 지고요. 생명이 아니면 가능한 일이 아니잖아요. 아저씨께서 제게 생명을 주셨잖아요. 소중한 가르침까지 덤으로요. 그래서 정말 고맙습니다."

바래기풀이 말을 마치자, 바람아저씨는 바래기풀의 풀잎 끝을 일일이 쓰다듬으며 입을 엽니다.

"바래기풀아, 생명은 너의 선택이었지 내가 준 것이 아니란다. 나는 너의 선택에 동조한 것뿐이란다. 언제나 나는 동조할 뿐이지 개별적인 의지를 가지는 법은 결코 없단다. 네가 기쁘면 기쁨의 바람을 보내고 네가 슬프면 슬픔의 바람을 보인단다. 생명의 바람도 마찬가지지.

그리고 네가 나에게 얼마나 고마운 존재인 줄 너는 아직 모르는 것 같구나. 지금까지 내 모습을 제대로 그린 화가는 바래기풀 너 말고는 없었단다. 내가 너를 동조해 움직이듯이 너 또한 내가 위로 향하면 위로, 아래로 가면 아래로 똑같이 움직이지 않느냐?

너처럼 유연함을 지닌 존재가 이 세상에 또 있을까 보냐. 때가 묻지 않은 게지. 너의 춤사위가 곧 나이고, 내 모습이 곧 너의 춤사위니라. 그래서 나는 너를 통하여 내 모습을 보나니 네가 나에게 얼마나 고마운 존재인가! 참으로 고맙구나.

고백하건대, 나는 바람이라고 불리기 전에 다만 「있음」이었다. 그런데 너의 생각을 통하여 「표현」이 되었다. 그러므로 네가 지금 궁금해 여기는 '생각이 있기 전 나는 무엇인가?' 에 대답을 한 셈이 되지 않느냐? 너의 생각이 있기 전에 내가 없었다면 어떻게 네 생각에 동조할 수 있었겠느냐."

바람아저씨는 긴 설파 끝에 바래기풀이 아직 물어보지도 않은 생각을 미리 알고 답을 주십니다. 그 순간, 바래기풀은 저 뿌리 끝에서부터 풀잎 끝까지 전기처럼 번져 오는 벅찬 떨림을 느낍니다. 바람아저씨께 뭔가 말하고 싶은데 말로써 할 수 없다는 걸 알아차립니다.

"쉿!"

바람아저씨가 먼저 알고 입을 다물라는 신호를 보내고 문득 자취를 감춰버립니다. 바래기풀도 꿈쩍없이 침묵 속에 잠깁니다.

담장 그림자가 더 길게 늘어져 마당 전부를 삼킵니다. 별안간 바래기풀 맨 위쪽 가장 굵은 줄기 끝이 간질거리더니 살갗이 툭 터집니다. 아! 수십 개의 싹을 촘촘히 매단 꽃자루가 곱디고운 연둣빛 얼굴을 내미네요. 참, 눈부십니다.

다음 글 '이 책을 펴내면서'는 본래, 방금 읽은 '바래기풀 이야기'를 잇는 머리말로 쓴 것이었다. 그런데 아무래도 서문이 너무 긴 것 같아 둘로 나누었다.

 그렇게 미리 알고 읽으면 뒷글 '이 책을 펴내면서'의 난해함을 독자 여러분이 용서하지 싶다. 아무튼 위 바래기풀 이야기는 이 책을 펴낸 동기이자, 전체 글의 분위기를 대표한 것이다.

 이 세상에 자기존재와 만나는 일 만큼 기쁜 일이 다시 있을까? 여러분의 관심어린 눈빛을 기대한다.

이 책을 펴내면서

나는 삶의 매순간이 기적이란 걸 안다. 기적은 현상이고 모든 현상의 배후에는 현상을 일으킨 연결과정이 엄연히 있으며, 그 과정들을 오밀조밀 이어주는 고리 또한 분명히 존재한다. 그 고리를 「눈에 보이지 않는 힘」이라고 일단 지칭해 본다.

또, 나는 안다. 볼 수 없고 만질 수 없는 그 힘이 존재와의 연결통로이며 우리네 삶을 영위시키는 동력인 것을…. 그리고 그 힘은 말할 나위 없이 엄격하고 철저하여 단 한 치의 오차 없이 뿌리는 대로 거두어들인다는 것을…. 여기에서 '누가 뿌리고 누가 거둬들이는가?' 하는 주체의 문제가 대두된다.

〈뿌리는 대로〉라는 언어표현에서 짐작할 수 있듯이 뿌리는 것은 개별적 행위라서 그 주체는 개인 자신인 〈나〉가 될 수밖에 없다. 어떤 결과를 만들어내는 원인 제공자는 오직 〈자신〉뿐이라는 말로서 그 원인 선택의 크기는 무한하다.

지구라는 땅덩어리 안에서 한 사람의 배우자가 되는 확률이 70억분의 1이듯이 수치로 나타낼 수 없이 무한한 나의 생각, 나의 말, 나의 행동들 가운데 가려진 하나의 선택(스스로 잘 모를 수도 있다.)이 왜 기적이 아니랴.

〈거두어들인다〉는 말 역시 표현에서 알 수 있듯이 자신이 주체가 아님을 나타내고 있다. 자신이 주체라면 그냥 〈거둔다〉라고 했을 것이다. 비유가 약간 어긋나지만 익은 보리를 보리가 거두지 않고 사람이 거둬들이듯이 결과를 나타내는 당사자는 개인인 〈나〉가 아니라 방금 말한 「눈에 보이지 않는 힘」이다.

우리는 그것을 「반야」라고 부른다. 온전한 지혜를 뜻하는 범어 프라즈냐(prajña)에서 온 말이다. 어떤 일에 대한 결과의 몫은 자신이 챙길지라도 결과를 나타내는 때와 장소, 형태의 결정은 반야가 담당한다는 것이다.

그러니까 〈거둬들인다〉는 말보다 〈거두게 한다〉는 표현이 적절하다 하겠다. 이 사실을 수긍하자면 논리적 설명이나 이해의 차원으로는 불가능하기에 본문에서 전개될 이야기에 주목할 수밖에 없다.

앞의 '바래기풀 이야기'에서 암시하였듯이 이 반야는

항상 나와 연결되어 있으며, 궁극적 존재로 가는 통로가
되거나 존재가 오는 통로가 된다. 왜냐하면 현상은 존재
의 표현이고 존재는 현상의 근거지이기 때문이다.

반야의 크기 역시 무한하다. 좋고 싫음의 제한이 없고,
선과 악, 더럽고 깨끗함의 제한이 없으므로 상대적인 모
든 분별을 떠나 있다. 그래서 엄격하다. 봐주기는 없다
는 얘기이다. 한 터럭도 틀림이 없기에 모든 현상은, 심
지어는 고통마저도 은총이고 기적이다.

나는 지금 불교에서 주장하는 인과응보를 얘기하는 것
이 아니다. 어느 누구라도 일체 현상을 제한할 수 없으
며, 어느 누구도 (자신의 크기가) 제한될 수 없는 무한에
대해 말하고자 함이다.

태도를 마음대로 가질 수 있는 선택권은 나에게 있다는
사실을 기억하라. 결과 역시 마찬가지이다.

그리하여 모든 인류가 이러한 앎을 체득하여 어떤 고
통, 어떤 구속에도 매임이 없는 대자유를 얻기를 바라면
서 이 책을 펴낸다.

물론 무한인 존재, 무한인 현상—그 모습과 경로를 언
어로써 바르게 표현할 수는 없다. 어렵지만 이야기로는

가능하기에 여기 실린 이야기들에 독자들의 느낌이 호의적이기를 기대한다.

더 욕심을 내자면, 지금껏 당신의 눈에 하찮게 버려지던 주변의 현상들이 빛나는 보석으로 비춰지기를 소망한다. 늘 그래왔듯이, 동쪽에서든 서쪽에서든 작은 기적은 끝없이 일어날 것이다.

나는 안경을 끼고도 평생 흐릿한 눈을 갖고 살았다. 이제는 잔글씨를 아예 읽을 수 없다. 그래서 나 같은 사람들을 위하여 글자크기를 12p로 편집하였음을 양해 바란다.

그리고 앞의 '바래기풀 이야기'는 앞으로 전개될 이야기들의 맛보기다. 어릴 적, 담벼락 햇살 아래에서 나눠주던 엿장수 아저씨의 맛보기 엿맛이 생각나서이다.

2011년 盛夏 대구 앞산 안지랑골에서 석호 씀

1
믿음은 밥이다

어느 누구나 마음대로 끄집어내 쓸 수 있는 보물창고를 가지고 있다. 모양도 없고 빛깔도 없지만 항상 창고의 문은 열려 있다. 생각이라는 손만 뻗으면 언제든지 필요한 것을 꺼내 쓸 수 있다.

그런데 우리는 대부분 그 혜택을 누리지 못하고 있다. 우리의 생명에너지는 본래 건강하여 병이 없고, 본래 밝아 어둠이 없으므로 각자가 무한 생명, 무한 창조의 능력을 갖고 있다는 사실에 대한 믿음이 없는 것이 그 유일한 이유이다.

이제 이에 대한 순도 100%의 믿음을 가져라. 그래도 원하는 보물이 얻어지지 아니하면 당신의 믿음에 아직도 때가 묻어 있다는 증거이다.

어머니의 묘비명

친구인 김 검사 어머니께서 타계하셨다는 부고를 받았다. 두 달 전, 노환으로 입원해 계실 때 기력이 쇠한 모습을 뵙고 와서 그리 놀랄 일은 아니었지만 삶에 대한 당신의 태도로 치자면 여든 살의 수명은 오히려 짧다고 말해야 할 것 같다.

항상 활달하여 얼굴에 미소를 잃으신 적이 없고, 마주치는 사람마다 당신께서 먼저 달려가 인사를 건넬 정도로 따뜻하고 자애로운 분이셨다. 워낙 수영을 좋아해서 두류수영장 옆으로 이사까지 했다는 사실은 김 검사 친구라면 다 아는 일이었다.

병원에 입원하기 직전까지 매일 수영을 하셨으니, 정신건강으로 보나, 육체건강으로 보나, 100수는 거뜬히 누리실 거라며 주위에서는 입을 모았었다.

학창시절, 김 검사는 어머니 덕분에 친구들의 부러움을 샀었다. 수영하랴, 영업하랴, (당신께선 30년 가까이 알로에 제품 방문판매 일을 하셨다.) 스스로 바쁜 탓도 있었겠지만 당신께서는 늘 아들한테 '우리 아들 최고다'만 외치셨지 '공부해라, 집에 일찍 오너라.' 등, 어린 우리가 간섭이라 여기는 어떤 말도 하지 않으셨다.

그러면서 아들의 말이라면 남이 보기에 순종으로 비춰질 만큼 무엇이든지 무조건 들어주는 어머니셨다. 그래서 우리는 김 검사를 '완전 맹신자(盲信子) 엄마를 뒀다'고 농을 하며 부러워했다.

그래서 그랬는지, 우리는 김 검사의 집에서 엄청 자주 놀았었다. 간혹, 어머니가 집에 계시면 당신께서 손수 술상을 차려와 우리와 함께 자리해 드시는 날이 되어 더욱 신나는 판이 되곤 했다.

어머니는 말씀도 재미있게 잘 하시고, 소주도 곧잘 드셨다. 우리는 그런 어머니를 삶을 즐길 줄 아는 멋진 분이라며 추앙하기까지 했었다.

그러니까 김 검사의 어머니는 곧, 나의 어머니이기도 하다. 술을 즐기신 탓일까? 의사는 어머니께 '급성 간경

화로 인한 사망' 진단을 내렸다고 한다. 슬프지만 그리 오래 앓지 않으시고 가셨으니 위안으로 삼자며 나는 김 검사를 안아주었다.

어머니를 배웅하는 날, 나는 장의차를 따라 김 검사의 선산이 있는 창녕 장지까지 갔다. 멀리 낙동강의 물길이 한눈에 들어오는 곳으로, 20년 전에 김 검사의 아버지께서 먼저 묻히신 무덤이 봉긋한 것이 나에게도 전혀 낯선 풍경은 아니었다.

그 옆에 나란히 같은 크기로 어머니의 봉분을 만들고, 잔디를 입히고, 마지막으로 묘비가 세워졌다. 그런데 묘비명에는 내가 전혀 생각지 못한 글귀가 새겨져 있었다.

『세상에서 가장 믿음이 맑았던 여인(女人)
　　이 봉래(李奉來) 여기 편히 잠들다』

내가 알기로 어머니께서는 여태 종교를 가졌던 바가 없었기 때문에, 이 글귀가 종교적 믿음을 말하는 것은 아닐 터라 짐작하여 나는 김 검사에게 살짝 물었다.

"여보게, 어머니의 묘비명을 저렇게 쓴 이유가 뭔가?

내 선뜻 이해가 되질 않네."

그러자 김 검사는 눈시울을 붉히며 찬찬히 얘기하는 것이었다.

"아버지께선 생전에 방랑벽이 심해 어머니 속을 퍽이나 많이 썩히셨네. 한 번 집을 나가면 일주일도 좋고 어떤 때는 한 달도 좋게 연락이 없으셨지. 그런데 어머닌 단 한 번도 속을 끓이신 적이 없네. 오히려 누나들이 아버지 걱정을 대신할 정도였네. 어머닌 어쨌는지 아는가? '너거 아버지 집이 여긴데 나갔으면 언제 와도 오게 돼 있는 법이지.'라며 태연자약 당신 하시는 일을 멈추지 않으셨네. 그러다 아버지가 돌아오시면 아무 일도 없었던 양 반갑게 맞이하고 공경했었네.

자네도 알다시피 나한테도 마찬가지셨지. 내가 처음 사법고시 2차 시험에 낙방했을 때, 어머니는 싱글벙글 웃으시며 '우리 아들 최고다. 올해 아니면 내년에 될 건데, 낙심할 것 눈곱만치도 없다.' 하지 않으셨나. 매사에 늘 그런 태도셨지.

나는 어머니께서 범인(凡人)이 알 수 없는 스스로의 확신 속에서 살았다고 보네. 아버지께나 나에게나 티끌 하나 묻지 않은, 완전 순결한 믿음을 가지셨던 게지. 얼마나 수양을 해야 그렇게 되겠는가? 어머니께선 '믿는다.'는 생각조차도 아예 없는 믿음을 지니셨던 분이네."
"그러하네. 그러하네. 암, 그렇고말고."
나는 대구로 돌아오는 차 속에서 연신 눈물을 훔쳐야 했다. 상실로 인한 뜨거운 눈물이 아니라 진리 때문에 흐르는 냉정한 눈물을….

우리 딸 예쁘지요?

30년 전, 나는 대명동의 한 허름한 한옥의 문간방에서 자취를 하며 살았었다. 리어카 한 대가 겨우 지나가는 좁은 골목길엔 아침마다 바쁜 발자국 소리가 쉴 사이가 없었다. 골목을 사이에 두고 다닥다닥 붙어 늘어선 집집마다 보통 세 가구, 네 가구씩 사니 아침골목이 붐비는 건 당연한 일이었다.

우리 집에서 열 걸음 정도 내려가면 다른 골목과 마주치는 골목 삼거리가 나오고 거기서 버스가 다니는 대로까지는 천천히 걸어도 3분이면 충분했다. 그러니까 이 골목에서 나오든, 저 골목에서 나오든, 대로로 가기 위해서 무조건 삼거리를 지나야만 했고 그 모퉁이에 구멍가게가 하나 있었다.

언제부턴가 그 구멍가게 앞에는 아기를 업은 아주머니

한 분이 보초병처럼 서서 지나는 사람들을 일일이 붙잡아 세웠다. 물론 구멍가게 주인은 아니었다. 붙잡아 세우고 한 마디씩 묻는 것이었다. 그 물음은 한결같았다.

"우리 딸 예쁘지요?"

그러면서 등 뒤의 아기 얼굴을 불쑥 내밀어보였다. 그렇게 물어오니 누구라도 딴 대답을 할 수가 없었다.

"예, 예."

건성이든 진심이든, 사람들의 대답은 전부 그랬다. 나 또한 예외가 아니어서 내가 대문을 나서는 순간부터 그 아주머니가 나를 기다리고 있는 눈치를 느낀다. 아니나 다를까, 삼거리에 내려서기가 무섭게 아주머니는 생글생글 웃으며 다가와 아기를 내보인다.

"학생, 우리 딸 예쁘지요?"

사실 처음엔 아기 얼굴도 보지 않고 '예, 예.' 하며 그냥 지나쳤다. 그런데 두 번째에는 괜히 미안한 마음이 들어 아기 얼굴을 유심히 보게 되었는데, 이거는 영 아니올시다. 납작한 코에 푹 꺼진 이마, 가는 실눈…, 뽀얀 피부를 빼고는 예쁜 구석이 없었다. 그래도 나의 대답은 '예, 예.'였다.

며칠 그러다가 그만 두겠거니 했던 아줌마의 행동은 한 달이 넘게 지나도록 그치지 않고 반복되었다. 이제 골목 삼거리를 지나는 사람들은 거의 전부가 약속이라도 한 듯이 그 아줌마가 물어보기도 전에 먼저 소리치며 지나 갔다. 이렇게 말이다.

"예쁘다. 예쁘다."

어떤 사람은 아기의 머리를 쓰다듬어 주기도 했다. 내 반응도 여느 사람과 마찬가지였으나 이상한 점은 처음 아기를 봤을 때 '에이, 예쁘지도 않네.' 하는 마음이 어느 순간 사라져버렸다는 것이다. 오히려 삼거리를 지날 때 면 내 눈길이 먼저 아기를 찾는 쪽으로 바뀌어 갔다. 물 론 푼수 같아 보이던 아줌마의 행동이 고와 보이는 것도 이상한 점이었다.

그렇게 서너 달이 넘게 지나간 어느 날이었다. 아침 등 교 시간, 여전히 아주머니는 아기를 업고 삼거리에 서서 지나가는 나를 막아 세웠다.

"학생, 우리 딸 예쁘지요?"

"아, 예. 안녕하십니까?"

이제 인사까지 하는 처지가 되어 고개를 꾸벅 숙이는

순간, 아줌마 등 뒤의 아기가 나를 보고 방긋 웃는데, 나는 깜짝 놀라 눈이 동그래졌다. 너무 예뻐서 나는 딴 아기인 줄 알았다. 아기의 얼굴이 확 달라져 있었다.

나는 내 눈을 의심하며 쳐다보고 또 쳐다봤다. 푹 꺼졌던 이마는 물에 띄운 박처럼 봉긋했고, 콧날은 오뚝 섰으며, 웃는 눈망울은 아침 이슬처럼 반짝였다. 아기 얼굴은 열두 번 변한다지만, 하루아침에 어떻게 이리 다르게 바뀔 수 있을까?

"우와! 예쁘다. 아줌마, 애 아줌마 딸 맞아요?"

나는 탄성을 질렀다.

"그럼요. 틀림없는 예쁜 우리 딸, 소연이지요."

그때, 처음으로 나는 그 아기의 볼을 어루만져 보았다. 황홀할 지경으로 보들보들한 살갗의 감촉을 느끼면서 나는 아름다움이 전염된다는 사실을 알았다. 생각으로써, 말로써, 그리고 무엇보다도 먼저 그렇게 믿음으로써….

1년 뒤, 나는 장맛비에 문간방의 천정이 무너지는 바람에 그 동네를 떠나야만 했고, 내가 떠나는 그날까지 아줌마는 뛰어다니는 소연이의 손을 붙잡고 사람들에게 물어댔다.

"우리 딸 예쁘지요?"

엄마, 담배 한 모금만

정구는 아홉 살 때 담배를 배웠다. 동네 중학생 형들이 장난으로 가르쳐 준 담배를 형들 보다 더 잘 피웠다. 콧구멍으로 연기내기는 기본이고, 연기로 도넛 만들기, 침을 섞어 연기 달걀 만들어 방바닥에 세우기 등은 정구에겐 놀이였다. 어떤 때는 위험천만하게도 담배를 빨아들여 연기를 한 점도 밖으로 내지 않고 뱃속에 모조리 삼키는 묘기를 선보이기도 했다.

묘기는 늘 어른들이 없는 은밀한 장소에서 행해졌고 나를 비롯한 정구 친구 몇몇은 마냥 신기해하며 박수를 쳐댔다. 어떤 아이는 정구를 따라 담배를 피워 보려다가 연기에 취해 곤혹을 치루기도 했다. 이런 사실들은 어른들이 일체 모르는 우리들만의 비밀로 유지되었다. 정구 자신이 어머니에게 들키기 전까지는 말이다.

하지만 불행하게도, 정구 어머니가 정구의 흡연 사실을 알았을 때에는 이미 정구가 니코틴에 중독이 된 뒤였다. 들킨 이후로도 정구는 무슨 수를 써서라도 담배를 구해 피웠고, 정구의 집에서는 정구 어머니의 악 쓰는 소리가 그칠 새가 없었다.

"이 노무 새끼가 뒈질라 환장을 했제. 머리 피도 안 마른 기 담배가 뭐꼬? 니는 10년도 못살 끼다!"

'10년도 못살 끼다.' 하는 어머니의 악담은 정구가 초등학교를 졸업할 때까지 계속되었고, 졸업 날이 지나서야 정구네 집은 조용해졌다. 정구가 집을 나가버렸기 때문이다.

그리고 3년의 세월이 흐른 겨울 어느 날, 장발의 정구가 집으로 돌아왔다. 그 동안 부산에서 살았다고 하는데, 거기서 정구가 무엇을 하고 지냈는지는 아무도 모른다. 집에 오자마자 바로 앓아눕는 바람에 친구 중 누구도 정구랑 얘기를 나누지 못했던 것이다.

"아이고, 이 새끼야. 아이고, 이 새끼야."

며칠 뒤, 정구가 거의 다 죽게 되었다는 소식을 접하고 우리 친구들 일행이 정구네 마당에 들어섰을 때, 방문

밖으로 정구 어머니의 흐느끼는 소리만 새어나왔다. 우리는 정구를 봐야 했지만 방이 좁은 탓에 친구들이 다 들어갈 수는 없어서 나와 인하, 둘이만 방으로 들어갔다.

두꺼운 솜이불을 덮고 누워, 얼굴만 내놓은 정구가 뚫어지게 어머니의 얼굴을 쳐다보고 있었다. 정구는 우리가 옆에 와 있는 지도 모르는 듯 했다. 하염없이 어머니만 바라보던 정구가 뭔가 말하려는 듯 입술을 움직였다. 하지만 말은 입 안에서 우물우물할 뿐이었다.

"뭐라고? 정구야, 뭐라 했노?"

어머니가 울먹이며 급하게 다그치자, 정구는 마지막 힘을 쏟았는지 알아들을 수 있는 목소리로 말했다.

"엄마, 담배 한 모금만…."

그게 마지막이었다. 그 말을 끝으로 정구는 바로 베개 아래로 고개를 떨어뜨렸다. 정구의 나이, 17살이었다.

지금 나는 생각해 본다.

"이 놈아, 니는 10년도 못살 끼다."

아들의 흡연을 멈추고자 했던 어머니의 빗나간 절규가 명운을 쥔 우주의 묘력(妙力) 속으로 빨려들어 간 것은 아닐까? 아니면, 정구 스스로 어머니의 그 외침을 마음 깊숙이 각인시켜 놓았다가 아예 지워낼 생각을 못했던 것은 아닐까?

무어라고 확정할 수 없지만 여태껏 살아온 나의 경험으로 미루어, 생사고락(生死苦樂)—이 모든 것이 (농도에 따라 결과가 다르다 뿐이지) 믿음의 소치인 것만은 분명하다.

그래서 정구는 어머니께 자신이 단지, 담배라는 물질 때문에 죽는 것이 아니란 걸,

"엄마, 담배 한 모금만…."

이 한 마디로써 확인시키려했는지 모른다.

돈복 많은 외남이

외남이는 9남매 중 막내로 위로 누나 여덟을 둔 외아들이다. 누나들에 치여 살지 말라고 부모님께서 이름을 바깥 외(外), 사내 남(男), '외남'이라고 지어줬는데 커갈수록 이름과는 정반대로 사내다운 구석은 찾아볼 수 없었다.

어려서는 누나들과 어울려 주로 소꿉놀이, 인형놀이 등을 하며 놀았고 동네의 또래 머슴애들과는 도통 어울릴 줄 몰랐다. 억지로 사내애들이 모이는 공터에 데려다놓으면 금방 울음을 터뜨리고 누나들 품으로 달려왔다. 어른들은 그렇게 자라나는 아들이 걱정되었지만 그저 애지중지할 뿐 다른 방법을 찾지 않았다.

외남이가 고등학생이 되었을 때, 아버지는 이미 세상을 버리셨고 누나 넷은 시집을 갔다. 또래아이들은 전부 변

성기를 지나 굵직한 목소리를 냈지만 외남이의 목소리는
아이 때 그대로였다.

　남자들의 세계에선 그것 하나만으로 놀림의 대상이 될
수 있었지만 외남이에게 그것은 별 문제가 되지 않았다.
그 동안 외남이 나름대로 터득한 것이 있었기 때문이다.
친구를 얻을 수 있는 것이 그것이었다.

　초등 때에는 누나들이 있어 친구가 없어도 괜찮았지만
중, 고등학교는 그렇지 못했다. 남자 애들은 거칠었고
서로 군림하려들어 싸움질이 일쑤였다. 그런 틈바구니
속에서 외남이는 굴러다니는 깡통신세였다. 이놈도 쥐어
박고 저놈도 쥐어박았다.

　거기서 벗어날 유일한 방도는 아부였고 그것은 어느 누
구보다도 외남이가 가장 잘할 수 있는 것이었다. 누나들
이랑 놀듯이 똑같이 하면 되었으니까. 외남이는 그것을
실행에 옮겼다.

　그리고 아부의 위력 중에 최상의 도구는 바로 〈돈〉이었
다. 외남이는 그것을 알았고, 돈은 어릴 때부터 꾸준히
그의 책상서랍 속에 넘쳐나는 것이었다.

　엄마가 주고, 누나들이 주고, 삼촌, 고모, 이모 할 것

없이 명절이다 주고, 생일이다 주고, 학년 올랐다 주고, 기타 등등, 저절로 모인 돈이 서랍 속에 백만 원 뭉치만도 몇 개나 되었다.

외남이는 그 돈으로 힘센 친구들에게 밥도 사고, 빵도 사고, 술도 샀다. 그것도 아주 계획적으로 조금씩, 조금씩…. 그 결과 외남이는 구박의 대상에서 보호의 대상이 되었음은 말할 것도 없고, 나중에는 자신이 군림의 당사자가 될 수 있겠다는 생각까지 했다.

약자에서 강자가 되는 일은 상상만 해도 황홀했다. 게다가 조건을 전혀 고민할 필요가 없으니, 없던 자신감마저 새록새록 샘솟는 것이었다. 제 인생에서 돈 만큼은 항상 넘쳐난다고 여겼으니까….

대학생이 되자, 외남이는 그 동안 터득한 기술을 노골화했다. 공부는 뒷전이고 밤마다 학과 친구들을 불러내어 술을 샀다. 대부분 외남이의 호의에 즐거워했지만 그렇지 않은 친구들도 더러 있었다. 학구파들이 그랬다. 그런 친구들에겐 용돈을 줬다.

일단, 외남이에게 대접을 받은 친구들은 속으로야 어떻

게 생각을 하건, 겉으로는 외남이의 말을 거부하지 않았다. 대리출석은 물론 과제물까지 대신 챙겨주는 친구도 있었다. 비로소 외남이는 강자가 된 기분이었다. 그렇다고 그의 여자 목소리가 바뀌었거나 계집애 같은 말투, 몸짓이 변한 것은 아니었다.

그런 점에서 그의 강자 행세는 누가 보아도 어색한 것이었다. 더군다나 그는 재벌2세도 아니었으니 자연히 세월이 흐를수록 비난의 대상이 될 수밖에 없었다.

그런데 누구도 바로 대놓고 그의 잘못을 지적하지 않아, 자신이 남들에게 손가락질을 받는 걸 제 혼자만 모르고 있었다.

오히려 외남이는 도를 높여 친구들을 고급유흥주점으로 끌어들였고, 술에 취해 친구의 뺨을 때리는 등, 제 맘대로 행세하기까지 했다. 그런 횟수가 잦아질수록 친구들 사이에 외남이는 상종 못할 인간으로 취급되었다.

3학년이 되었을 때, 외남이 곁에는 가족, 친지 외에는 아무도 없었다. 그 동안 남은 누나들도 전부 결혼을 해서 집에는 어머니와 자신, 둘만 남게 되었다.

이제는 8명이나 되는 매형들까지 합세를 해서 용돈을

주는 바람에 외남이는 혼자 마음껏 술집을 드나들었다. 같이 동행하는 친구 하나 없으니 술집아가씨들 사이에는 '외로운 남자'로 통했다.

학교는 그만둘 요량으로 아예 강의실에 얼굴을 비추지 않았다. 쓸쓸했다. 또, 괴로웠다. 아무리 생각해도 뭐가 잘못됐는지 스스로 알 수가 없었다.

외남이는 이름의 머리글자처럼 참으로 외로운 남자가 되어갔다, 방위 제대를 하고 복학도 하지 않았다. 줄기차게 술집만 찾아다녔다. 하지만 어디에서나 빛은 있는 법인가, 외남이는 술집에서 자기를 사랑해 주는 한 여자를 만났다. 이름이 '세라'라고 한다. 몸집이 자그맣고 귀여운 얼굴을 가졌다.

외남이도 세라를 사랑했고 둘은 깊은 사이가 되었다. 식구도 친척도 아닌 남이 자기를 아껴주는 감정을 세라를 통하여 외남이는 처음 느꼈다. 무엇보다도 세라 앞에 남자로서 으쓱대는 기분은 뭐라 말로 표현할 수 없이 기뻤다.

둘은 결혼을 했고 얼마 안 있어 세라가 사내아이를 낳

앗다. 외남이의 어머니는 너무 좋아했고 누나들도 기뻐했다. 누나들은 남자가 아무것도 안하고 놀면 못쓴다며 외남이에게 시장 통에 과일가게를 하나 차려줬다.

외남이는 무척 바빴다. 누나들이 소개한 사찰이나 단체에만 납품해도 늘 손이 모자라서 가게는 아내가 나와서 봐줘야만 했다. 외남이는 책상서랍 속에 돈을 모으던 습관을 청산하고 은행에다 돈을 맡겼다. 힘은 들었지만 행복한 나날이었다.

그리고 2년 뒤, 아내가 둘째를 순산했다. 이번엔 딸이었다. 아내를 쏙 빼닮은 예쁜 딸이었다. 그런데 기뻐할 새도 없이 돌연 어머니가 돌아가셨다. 심장마비였다. 어머니는 어떻게 모았는지 1억 5천만 원이 든 통장을 남기셨다. 누나들이 각 1천만 원씩 나눠 갖고, 나머지 7천만 원을 외남이에게 줬다.

외남이는 그 돈을 전부 아내에게 맡겼다. 세월은 흘러 아들 정수가 8살이 되고, 딸 효진이가 6살이 되었다. 여전히 과일가게는 번성했고 돈도 꽤 모았다. 그 동안 둘째 누나가 교통사고로 돌아가신 것 빼고는 모든 것이 순조로웠다. 적어도 아내 세라가 가출해 버린 어제까지는 말이다.

 모든 것이 뒤틀려버렸다. 세라는 과일가게 맞은편 푸줏
간 종업원과 바람이 나서 함께 도망을 갔다. 자기한테
맡긴 돈은 모두 챙겨 사라진 점으로 봐서 돌이키기가 어
려울 게 분명했다. 아직 어린 자식까지 내팽개쳤으니 그
사정은 짐작할 가치조차 없었다.

 하지만 외남이는 가슴이 찢어질 것 같은 고통 속에서
지내야만 했다. 어린 자식들을 보면 한숨만 나왔다. 그
나마 누나들이 교대로 보살펴줘 다행이긴 하지만 제 엄
마 품만이야 하겠는가? 돌아오기만 한다면 아내를 용서
할 게 아니라, 자신이 소홀했노라고, 잘못했노라고, 싹
싹 빌 각오도 돼 있었다.

 그랬건만 1년이 지나서 나타난 아내는 그 푸줏간 남자
와의 사이에 생긴 아기를 안고 이혼해 줄 것을 요구했
고, 하릴없이 외남이는 그 요구를 들어주고 말았다. 서
러운 시간들이 계속 흘렀다.

 가게는 아내가 도망갔을 때 벌써 정리를 했었다. 누나
들의 보살핌으로 이제 정수는 의젓한 대학생이 되었고,

효진이는 고 3이 되었다.

아내와 이혼을 한 이듬해, 부모님 생전에 9남매가 오순도순 살던 150평집이 아파트 지구로 편입되는 바람에 보상금이 무려 20억 원이나 나왔다. 그 덕분에 외남이는 누나들 1억 원씩 떼 주고도 30평 아파트로 이사해서 십년 동안 무위도식하며 살았다.

그런데 요즘 외남이는 효진이 때문에 무위도식할 수가 없게 되었다. 효진이가 막내고모가 떼다 주는 옷으로 의류 쇼핑몰을 운영하는데 주문이 폭주한다. 외남이는 종일 물품 포장하느라고 눈코 뜰 새가 없다.

'너, 대학은 안 갈 거냐?'고 물으면 효진이는 쌨고 쌘 게 대학이라며 경영학과 들어갈 테니 아빠는 아무 걱정 말라고 한다.

이제는 딸 덕분에 외남이 통장에 수북수북 돈이 쌓인다. 돈복 많은 외남이 또 돈복이 터졌다.

평생 돈에 한한 한, 저도 모르게 풍족함에 길들여져 있는 이유로 그런 것일 게다. 확고부동한 신념 같은 거 말이다.

가끔 외남이는 아이들에게 묻는다.
"정수야, 효진아, 엄마 안 보고 싶나?"
"다 채워지면 인생이간디유?"
아이들의 대답은 그랬다.

어느 거지

　밀양의 영남루 입구 계단 옆에 남자거지 한 명이 있다. 꼬질꼬질 때가 묻은 두꺼운 검은 솜바지에 너덜너덜해진 검정색 사파리점퍼를 입고 있다. 감은 적이 없어 보이는 머리카락은 어깨까지 축 늘어져 얼굴의 두 뺨을 가렸고, 오른쪽 다리는 턱을 괸 팔을 받히느라 구부렸으며 왼쪽 다리는 땅바닥에 길게 뻗었다.

　심연을 알 수 없는 깊은 눈동자는 쭉 허공을 향해 있어 지나는 사람이 앞에 동전을 던져놓아도 무심하여 반응이 없다. 그래서 그 앞에는 동전이 여기저기 바닥에 흩어져 있다. 그는 구걸하는 것이 아니라 그냥 거기 앉아 있는 중이었다.

　나는 한동안 영남루 위의 무봉선원에 머물면서 시내로 나설 때마다 그 거지를 유심히 보았다. 나는 그가 구걸

하는 것을 본 적이 없다. 다만 그는 음식 쓰레기통을 뒤질 뿐이었다.

식당 손님이 뜸한 오후 세 시경이 되면 어김없이 그는 앉았던 자리에서 일어나 근처 식당 골목으로 들어간다. 처음에 나는 그가 땅바닥에 흩어져 있던 동전을 모아 밥을 사먹으러 가는 줄 알았다. 그런데 그는 나의 예상과는 달리 식당 밖에 세워둔 음식 쓰레기통으로 다가가 버려놓은 음식잡동사니들을 두 손으로 마구 퍼먹어댔다. 그런 식으로 그는 몇 집을 순회했다.

나중에 식당 주인의 말을 들으니 그가 그렇게 산 세월이 5년도 넘었다며 몇 마디 덧붙였다.

"글마 속은 사람 속이 아니요. 몇 년씩이나 썩어빠진 걸 먹고도 끄떡 없능기라요. 보통 사람 같으면 벌써 몇 번을 죽어도 샜지요."

그는 정말 식당 주인의 말대로 보통 사람이 아닌 것일까? 나는 그가 음식쓰레기를 먹는 모습을 여러 번 보았다. 나는 보는 것만으로도 속이 울렁거렸지만 그는 아주 만족한 표정으로 우걱우걱 맛있게 먹었다.

무슨 사정으로 그가 음식쓰레기를 먹는지 나는 알아보

지 못했다. 하지만 우리가 무슨 사정이 있어 식탁에서 밥을 먹는 것이 아니듯이, 그도 음식쓰레기를 먹는데 사정을 따지지 않을 것은 분명했다.

마찬가지로 그가 그런 음식을 먹고도 아무 탈이 없는 까닭은 우리가 식탁에서 음식을 불문곡직 믿고 먹듯이 그도 그의 음식을 믿고 먹기 때문이리라.

음식 타박을 하는 놈이 꼭 배탈이 나고, 무슨 일이든 의구심을 갖고 시작하면 낭패를 보는 법이다. 우주의 섭리가 우리의 마음 따라 움직이는 까닭이다.

무봉선원을 떠난 뒤에 나는 그를 보지 못했다. 지금은 그가 어떻게 지내는지 모르지만 허공을 응시하던 그의 깊은 눈매를 나는 잊을 수가 없다.

최고의 의사

　며칠 동안 침침하던 오른쪽 눈이 갑자기 보이지 않아 동네 안과를 찾았다. 눈앞에 먹구름이 낀 듯 사물의 형체를 전혀 알아볼 수 없었다. 의사는 검안기를 대고 한참 동안 내 눈을 들여다보더니 절레절레 고개를 저으며 말했다.

　"백내장으로 의심되는데, 아무래도 큰 병원에 가보셔야겠습니다."

　그러면서 자신의 소견서를 써주었다. 나는 당장 그 의사가 소개해 준대로 가톨릭대학병원 안과를 찾아갔다. 수속을 마치고 시력검사, 안압검사를 한 뒤, 전문의를 만났다. 너무 오래 기다린 탓에 심신이 지친 상태였는데, 전문의를 보는 순간 나는 정신이 번쩍 들었다.

　안정된 자세와 단정한 머리, 다정하면서도 매서운 눈빛

을 가진 그 의사는 그 모습만으로 먼저 나를 압도한 것이었다. 나는 검안기에 눈을 대며 바짝 긴장했다.

"백내장입니다. 적기에 오셨습니다. 모레 수술합시다."

눈을 살펴본지 불과 5초 만에 내린 의사의 판단이었다. 말 그대로 간단명료했다. 나는 이래저래 궁리할 새도 없이 얼떨결에 대답했다.

"아, 예, 예."

이틀 뒤, 그 전문의가 직접 내 눈을 수술했고, 수술하는 내내 그는 수술과정을 친절히 설명하며 나를 편안하게 만들었다.

위 이야기는 15년 전의 일이며, 내 오른쪽 눈은 지금 백내장에 국한해선 멀쩡하다. 왜 이렇게 말하느냐 하면 나의 두 눈은 시야가 점점 좁아지는 진행성녹내장(이 병은 수술도 안 된다.)을 앓고 있기 때문이다.

요즘도 안과에 가면 백내장전문의이자 내 눈을 수술했던 김형준 교수님을 가끔 본다. 전보다야 좀 늙으셨지만 걸음걸이는 언제나 당당하다. 모든 의학적 기술을 떠나 그의 확신에 찬 태도는 이 시대 최고의 의사 반열에 오르기에 충분하다.

참고로, 나는 의사는 아니지만 환자를 치료하는 방법은 알고 있다. 김형준 교수님처럼 환자에게 확신을 주는 의사가 최고의 의사라고 했듯이, 환자에게 〈낫는다.〉는 확신을 심어주는 일이 그 일이다.

거기에 대해선 천기누설의 우려가 있기 때문에 상세한 설명은 피하고 내 주변의 이야기로 대신한다. 승려라는 직업 특성상, 내게도 각종 질환에 시달리는 환자들이 상담을 청해오는데, 상담을 마치고 환자를 배웅하며 나는 항상 이 말을 한다.

"이 문밖을 나서는 순간 당신의 병은 낫습니다."

내가 사기를 치는 걸까? 아니다. 나는 당신 속에 잠자는 믿음을 깨우고 싶은 것이다. 실제로 그 말 한 마디로 병이 사라진 경우를 드물게 보았다.

남에게 신뢰를 얻는 일도 어렵지만 남에게 100% 믿음을 주는 일은 더더욱 힘들다. 장담하건대, 미래 최고의 의사는 이 분야를 개척해 내는 인물이 될 것이다.

복권에 당첨되는 사람

약속도 없이 아는 사람을 길에서 마주치기란 쉽지 않은 일이다. 한 사람은 경상도에 살고, 또 한사람은 전라도에 살고 있다면 그러한 만남은 더욱 힘들 것이다. 그런데 나는 그러한 만남을 한 달 동안 세 번을 경험했다. 그것도 똑같은 사람을 말이다.

오래 전의 일이지만 내 도반인 문경스님은 김제 금산사에서 살고, 나는 대구 동화사에서 살고 있었다. 하루는 작설차 한 통을 구하려고 시내 동성로 부근의 아는 찻집을 향해 걸어가다가, 대구백화점 앞에서 서성대고 있는 문경스님과 마주쳤다.

우리는 너무 반가운 나머지 서로 얼싸안았다. 서로 그간의 안부를 묻고 내가 가는 중이던 찻집으로 갔다.

"그래. 대구에는 어쩐 일이고?"

"사업차 들렀지."

"사업이라니, 무슨 사업?"

"응, 복권사업."

문경스님의 대답에 나는 눈이 휘둥그레졌다.

"복권사업이라니, 그게 무슨 말이고?"

그때부터 그의 장황한 설명이 이어졌는데, 옮기면, 그는 전국을 돌며 주택복권을 구입하고 있고, 하루에 한 지역씩 선택해 복권 판매소마다 들러 복권을 한 장씩 사들이는데 한나절 내내 돌아도 스무 장을 겨우 마련한다면서, 오늘 대구에 온 것도 단순히 그 이유 때문이라고 했다.

그렇게 노력해야 1등에 당첨될 확률이 높고, 그는 벌써 지난달에 1등에 당첨돼서 제세공과금을 제하고 8500만 원을(당시에 주택복권 1등 당첨금이 1억 원 할 때였다.) 탔다고 했다. 그 돈으로 은사스님 자동차 한 대 사드리고, 토굴 지을 땅 1000평을 샀다고 자랑하는 것이다.

나는 그의 말을 들으며 신기하기도 하고 웃음도 나왔지만 한편으론, 신이 나서 떠드는 그의 말소리가 옆자리에

옮겨지는 것이 ('성직자가 요행이나 바란다.' 며 욕할까봐) 부끄럽기
도 하였다.

하지만 문경스님은 주변의 눈치를 보는 법이 없다. 부
끄러움이 없고 두려움이 없다. 꾸밈없이 순박한 그대로
이다. 마치 불이 뜨거운 줄 모르고 마구 덤벼드는 한 살
아기와 같다.

아이가 사탕 맛을 보고 사탕을 자꾸 찾듯이 그는 지금
복권을 향한 신심에 들떠 있는 것이다. 그런 면에서, 저
하늘에서 누가 나를 지켜본다면 나의 조바심은 내다 버
려야할 구정물로 비춰질 것이었다.

그는 1등 당첨기념으로 내가 사려했던 우전 한 통을 선
물로 사주고 내게도 '복권사업을 한번 해보라'고 간곡히
권하면서 새로운 복권판매소를 찾아 길을 떠났다.

그러고 나서 며칠 뒤, 재무스님의 심부름으로 청송 주
왕산 대전사를 들리게 됐는데 거기서 또 문경스님을 만
났다. 복권사업차 청송에 왔다가 절에 하룻밤 묵기 위해
들렀다고 했다. 우리는 그날 대전사 객실에서 함께 밤을
보내고 다음날 아침에 다시 헤어졌다.

세 번째 만남은 그로부터 보름이 지난 뒤였다. 이번에

는 내가 전라도로 갔다. 문득 변산 채석강이 보고 싶어 전주버스터미널에서 버스를 기다리고 있다가 입구에서 대합실로 들어오는 그를 만났다. 반가워서 나를 덥석 껴안는데 그는 기분 좋게 취해 있었다. 온몸에서 술내가 진동을 했다. 그가 나를 대합실 빈자리로 끌어 앉히면서 하는 말이 이랬다.

"석호스님, 내 오늘 기분 좋다. 내 지금 복권에 당첨돼 갖고 은행에서 돈 찾아오는 길이다. 이번에는 2등이다. 1700만원 탔다. 내가 현금으로 딱 찾아왔제. 기분이 좋아갖고 요 앞에서 한 잔 했다 아이가."

그러면서 대뜸 짊어지고 있던 바랑을 벗어 내게 열어보였다. 그의 말대로 정말 만 원 다발이 수북이 들어 있었다.

참으로 놀랄 일이었다. 문경스님을 보면, 행운은 저절로 오는 것이 아니라, 마술처럼 끌어당기는 대로 가는 것 같았다. 어떻게 벼락 맞을 확률보다 낮다는 복권당첨에 두 번씩이나 걸릴 수 있겠나? 그저 신기할 따름이었다.

그날, 문경스님은 금산사로, 나는 채석강으로 향했다. 짧은 기간 동안 그렇게 야무지게 세 번을 만나서인지 그 날이후로 나는 문경스님을 보지 못했다.

그리고 세월이 흘러 로또 붐이 일어났을 때, 문경스님은 아니지만 나는 문경스님과 똑같은 사람을 만났다. 김해에 있는 방 처사란 사람이었다.

그는 동생과 함께 면장갑 공장을 15년 동안 꾸려왔다. 예전에는 벌이가 괜찮았지만 요즘 와서 한 달 뼈 빠지게 일해도 벌이가 신통찮아 동생 월급 주고나면 남는 게 별로 없었다.

게다가 얼마 전에 부도를 맞아 이곳저곳에서 돈을 꿔서 쓰는 처지였다. 그나마 아내가 남의 식당에 일하면서 가족의 생계를 책임지는 것이 다행이었다.

그런 처지임에도 불구하고 방 처사는 천하태평인 양 늘 싱글벙글 웃고 다녔다. 공장 일은 동생에게 도맡기다시피 하고 새로 생긴 애인과 함께 놀러 다니는 게 일과였다. 그 무렵, 방 처사는 일요일마다 나를 찾아왔다. 늘 애인과 함께 말이다.

"스님, 저는 마누라는 싫고, 우리 숙이가 좋습니다. 우짜면 좋겠습니꺼?"

그는 그의 속마음을 보이는 데에 거침이 없었다. 그리고 앞뒤 가리질 않았다. 아내한테 벌써 애인 숙이 이야기를 스스럼없이 다한 상태였다. 하루는 아내한테 실컷 두드려 맞고 나에게 와서 의미심장하게 말했다.

"스님, 마누라가요. 내 보고 돈만 갖다 주면 바람을 피든지, 나가서 살림을 차리든지, 마음대로 해도 된다고 안 칸니까? 그래서 오늘 제가 김해 한 바퀴 돌면서 로또 복권을 스무 장이나 샀심니더. 그래서 오늘 1등 되구로 부처님 전에 제가 빌려 왔심니더."

그 말을 듣는 순간, 나는 소스라쳤다. 방 처사의 얼굴에 그 동안 까맣게 잊고 지냈던 문경스님의 얼굴이 오버랩 되는 것이었다. 그러고 보니 작은 체구에 맑은 눈빛, 항상 웃는 듯이 꼬리가 올라간 입술매무새 등, 방 처사의 모습이 문경스님과 꼭 닮았다.

돌이켜보니, 체면 차림이 없고, 부끄러움이나 두려움을 모르는 순박한 성격마저 문경스님과 판박이였다. 방 처사가 했던 말들은 자기 생각을 헤아리거나, 자기 체면을 따지는 사람들은 결코 쉽게 내뱉지 못할 내용들인 것이다.

　자기의 생각에 헤아림이 없는 사람—행운의 주파수는 그런 사람에게 맞춰진다. 이 우주에는 라디오 채널과 같은 다양한 채널이 존재한다. 어떤 사람은 주파수를 슬픔의 채널에 맞추고, 어떤 사람은 기쁨이나 혹은 행운의 채널에 주파수를 맞춘다. 이 우주의 채널은 그 사람이 맞춘 그대로 방송을 한다.
　우리는 이 우주의 법과 합일이 되지 않는 이상 매양 채널을 고정시킬 수는 없다. 그러나 가끔씩 원하는 채널에 맞출 수는 있다. 믿음이라는 방법으로…. 그리고 믿음이란 자기의 생각에 헤아림이 없는 상태를 의미한다.
　그러니까 행운은 저절로 일어나는 게 아니라 끌어당기는 자에게 일어나는 것이란 논리가 맞아떨어졌다. 이를 입증할 실험비용이 얼마나 들지 모르겠지만….

　며칠 뒤, 방 처사는 숙이와 함께 서울로 갔다. 로또 1등 당첨금 19억 원을 찾으러….

텝퐁스님의 눈물

　2007년 가을, 대구문화예술회관에서 서예가 남석선생의 고희전(古稀展)이 열렸다. 이날 전시된 수백여점의 작품 중에서 단연 눈길을 끈 것은 「묘법연화경」이었다.

　168폭의 병풍에 길이가 자그마치 120m로 그 규모만으로도 만인을 압도하고 남을 작품이었다. 더구나 오직 부처님 세계로 인도하는 일승(一乘)의 가르침이 장엄하게 펼쳐져 있어, 작품이라기보다 성물(聖物)로 봄이 옳았다.

　그 성스러운 작품 앞에서 수많은 사람들이 감탄과 경의를 표하였다. 그 중에서도 캄보디아의 왕사(王師) 텝퐁스님의 예배모습은 참으로 감동적이었다.

　「묘법연화경」앞에 서자, 그는 옆에 선 다른 사람에게 성심이 전해져올 정도로 정성을 다해 삼배를 올렸다. 마지막 절을 올리고 일어서면서 그는 눈물을 줄줄 흘렸다.

모두가 숙연해 있는 사이 옆에 있던 기자 한 명이 텝퐁 스님에게 물었다.

"왜 눈물을 흘리십니까?"

그 물음은 통역관을 통해 텝퐁스님에게 전해졌고 텝퐁 스님의 대답은 다시 우리말로 통역되었다.

"여기 글자 한 자 한 자는 글자가 아닙니다. 낱낱이 다 부처님이십니다. 내 생전에 이렇게 수많은 부처님을 만 나 뵈오니 너무 감격해서 눈물이 흐르는 것입니다."

옆에서 가만히 그 말을 듣고 있던 남석선생도 눈물을 훔쳤다. 멀찌감치 뒤에 서 있던 나는 혼자 생각했다.

(글자를 글자로 보면 글자는 글자가 되고 글자를 부처로 보면 글자는 부처가 된다. 새끼줄을 뱀으로 보면 새끼줄 이 뱀이 되듯이 어떤 사물이든 사물은 사물이 아니고 자 신이 믿는 바대로 그렇게 된다. 그러므로 모든 사물의 진정한 정체는 없다. 내 마음은 지금 어떤 상태인가?)

아마 텝퐁스님의 마음은 부처 상태였을 것이다. 그리고 글자 한 자 한 자에 담긴 남석선생의 예술혼이 순간적으 로 그 부처를 흔들어 깨워 텝퐁스님의 눈 속에서 글자는 부처가 되었을 것이다.

만약 당신이라면 남석선생의 「묘법연화경」을 어떻게 볼까? 알고 싶다면 기회를 만들어 한번 가서 보라. 현재, 대구 팔공산 중대동의 「공산예원」에 이 성물이 모셔져 있다.

이 글을 쓰는 지금 밖에는 굵은 비가 쏟아진다. 내 방에서 듣는 빗소리가 장엄하다. 지금 쏟아지는 이 비는 내겐 비가 아니고 장엄한 음악이 된다. 비가 그치면 어떻게 될까? 비도 없고 음악도 없게 된다. 사물의 정체도 없거니와 내 마음의 정체도 없는 것이다.

마찬가지로,「믿음」이란 것도 그렇다. 나의 믿음과 저 우주의 주파수가 일치하여 하나의 결과를 낳는다면, 그 결과는 좋고 나쁨에 상관없이 일시적인 현상일 뿐, 영원한 것은 못된다. 그래서 우리는 고통은 물론 기쁨에도 매여서는 안 된다.

각자의 믿음에 따라 삶은 끊임없이 변화하며, 우리는 그 변화의 소용돌이 속에서 매순간 자신의 태도를 결정해야 한다. 지금까지 믿음에 관한 일련의 이야기들을 통하여 어렴풋이나마 믿음의 얼굴을 보았다면, 믿음은 그 결정의 축으로써 우리 생존에 요긴한 밥이 됨을 알았을 것이다.

 하지만 우리 모두가 가야할 완전한 평화라는 영원성에
도달하기 위해서 믿음은 통로가 될 뿐, 궁극에는 부숴버
려야 할 환상임을 알기 바란다. 이것이 진정한 앎이다.

2
사랑할 때 사랑해야

  종이라고 하는 것은 치면 소리가 난다. 쳐도 소리가 나지 않는 것은 세상에서 버린 종이다. 또 거울이란 비추면 그림자가 나타난다. 비추어도 그림자가 나타나지 않는 것은 세상에서 내다 버린 거울이다. 보통 사람이란 사랑하면 따라온다. 사랑해도 따라오지 않는 사람은 또한 세상에서 버린 사람이다. ─한용운

네잎클로버

소년은 슬펐습니다. 사랑하는 소녀가 떠나는 것이 너무 슬펐습니다. 소녀는 천사같이 예쁜 얼굴과 고운 마음씨를 가졌습니다. 소년이 슬플 때 위로해 주었고 소년이 배고플 때 빵을 주었습니다. 소녀는 교장선생님의 딸입니다.

소녀는 3년 전, 이곳 시골학교의 사택으로 부모님을 따라 이사 왔었지요. 처음에 소년은 소녀를 바로 쳐다볼 수가 없었습니다. 뽀얀 얼굴에 초롱초롱한 눈망울, 거기에 하얀 원피스를 입고 있는데, 소년은 동화 속의 공주님이 나타난 줄 알았지요. 너무 눈부셔서 얼른 고개를 숙여버리고 말았지요.

그 소녀가 같은 반이 되었습니다. 그것도 소년의 옆자

리 짝지로 말입니다. 소년은 속으로 너무 좋았지만 기쁜
내색을 할 수 없었습니다. 쑥스러운 마음이 먼저 기쁨을
막아서 버렸지요. 하지만 혼자서는 신이 났습니다. 집에
와서도 소녀 생각만 하면 저절로 얼굴에 미소가 피어올
랐습니다..

 얼마 안 가서 소년은 소녀와 친해졌습니다. 온갖 곡식
이며, 풀, 나무들의 이름을 소녀에게 가르쳐준 것이 계
기가 되었지요. 시골생활이 처음인 소녀에겐 모든 것이
낯선 풍경이었지요. 심지어 시골집집마다 있는 소도 처
음 본다면서 소 꼴 먹이러 가는 소년을 따라나서기도 하
였습니다.

 시골 모습을 구경시키는 것이 소년이 소녀에게 해줄 수
있는 전부였습니다. 다행히 그것은 소녀가 가장 즐거워
하는 일이었지요. 어쩌다가 소년이 소녀에게 네잎클로버
를 찾아줄 때엔 좋아서 폴짝폴짝 뛰기까지 하였답니다.

 소녀도 소년에게 아낌없이 주었습니다. 소년이 읽어보
지 못한 동화책을 매일 가져다주고, 구경도 한 적 없는
초콜릿이며 사탕을 주기도 하였습니다. 또 점심시간에
도시락을 싸가지 못한 소년이 운동장의 나무벤치에 우두

커니 앉아있으면 어디서 구해왔는지 소녀는 빵 한 개를 소년에게 슬며시 내밀곤 하였지요.

소년의 집은 가난했습니다. 아버지가 일찍 돌아가시고 엄마 혼자서 소 한 마리와 밭떼기 하나 만으로 육남매를 돌봐야 하니까 얼마나 힘들겠어요? 그러나 소년은 가난 때문에 불행하다고 여긴 적은 한 번도 없습니다. 자기를 사랑해주는 가족이 있다고 생각하면 외려 마음이 뿌듯하였지요.

게다가 지금은 곁에 소녀까지 있어 소년은 너무 행복했습니다. 학교 운동장에서, 들판에서, 산에서…. 그렇게 3년 동안 소년과 소녀의 사이는 변함이 없었는데, 어제 갑자기 소녀가 사흘 뒤에 떠난다는 말을 전한 것이지요. 아버지께서 다시 도시 학교로 발령이 났다는 것입니다.

소년은 정말 슬펐습니다. 무엇을 어떻게 할지 몰라 혼자 냇가에 앉아 머리를 쥐어뜯었지요. 지금까지 소녀한테 마냥 받기만 하고 아무 것도 해준 게 없다고 생각하니 부아마저 치밀어 올랐습니다.

뭔가 선물을 해주고 싶은데, 호주머니엔 땡전 한 푼 없습니다. 설사 돈이 있다고 해도 선물을 사려면 읍내까지 가야만 합니다. 읍내까지는 30 리 먼 길이지요. 소년이 할 수 있는 것은 이별의 인사 말고는 아무 것도 없어 보였습니다.

소년은 냇물에 돌멩이 하나를 주워 던지고는 자리에서 일어납니다. 그리고 힘없이 터벅터벅 걸어갑니다. 소나무 숲길을 지나서 양 옆에 탱자나무 울타리가 우거진 마을 골목을 지납니다.

철수네 헛간의 흙 담을 지나가려다가 소년은 불현듯 멈춰 섰습니다. 담장 밑에 무더기로 핀 토끼풀을 본 것입니다. 거기에 난 토끼풀은 잔디 속에 무리지어 피는 것과는 달리 유난히 잎이 컸습니다. 그렇게 큰 잎을 보기는 소년도 난생 처음이었지요. 그때 소년은 소녀가 네잎클로버를 손에 쥐고 폴짝폴짝 뛰던 모습을 떠올렸습니다.

소년은 열심히 네잎클로버를 찾습니다. 소년은 네잎클로버를 찾는 데는 귀신같습니다. 손으로 풀잎 새를 절대로 뒤지지 않죠. 적당히 떨어진 거리에서 풀잎 전체를 가만히 지켜보고 있으면 네잎클로버 하나가 눈에 들어오지요. 일단 하나를 찾아낸 다음 그 주변을 뒤지면 대여섯 개는 순식간에 찾을 수 있답니다. 네잎클로버는 있는 자리에 몰려서 나거든요.

소년은 그 자리에서 네 개의 네잎클로버를 찾아냈습니다. 스스로 감탄할 정도로 크고 탐스러운 잎을 매단 클로버입니다. 소년은 흡족한 미소를 지으며 부리나케 집으로 달려갑니다. 집에 오자마자 소년은 네잎클로버를 책 속에 곱게 펴서 거기에 책 몇 권을 더 얹어 눌러 놓았습니다.

다음날, 소년은 형의 책 비닐 커버를 몰래 벗겨내어 두 겹이 맞붙은 곳을 단정하게 가위로 오려냈습니다. 소년이 간밤에 밤새도록 궁리한 것이지요. 거기에 가장 예쁘게 펴진 네잎클로버 하나를 골라 조심스럽게 넣었습니다. 그리고 거기에 수건을 얹고 미리 준비해 둔 어머니의 숯다리미로 다렸지요.

아주 예쁘게 압착된 네잎클로버가 눈앞에 나타났습니다. 던져도 괜찮고 구부려도 끄떡없는 네잎클로버가 된 것이지요. 네잎클로버를 달고 곡선으로 길게 뻗은 줄기는 매혹적이기까지 하였답니다.

또 하루가 지나고 날은 화창하게 밝았지만 소년의 가슴은 온통 칠흑 같은 어둠입니다. 기어코 이별의 시간이 오고 만 것이지요. 소년은 소녀의 손에 네잎클로버를 꼭 쥐어주었습니다. 소녀는 그 예쁜 눈망울에 눈물을 맺고 소년에게 손을 흔들며 떠나갔습니다.

소년의 시간은 거기서 멈춘 듯 보였습니다. 한동안은 그랬지요. 며칠 밥맛을 잃고 앓아누워 있었지요. 영문을 모르는 어머니는 인진쑥을 달여 소년에게 먹였습니다. 입맛을 살리는 데 최고라면서요.

그 쓰디쓴 맛은 소년의 마음과 같았지요. 소년은 동지를 만난 듯이 어머니가 주는 약을 남김없이 받아먹었답니다. 그 덕분인지 소년은 자리를 털고 일어날 수 있었습니다. 이후로 소년은 소꼴도 먹이고 소녀가 줬던 동화책도 열심히 읽었습니다.

소년은 점점 자라났지요. 중학생이 되고, 고등학생이 되고, 의젓한 청년이 되었을 때 소년은 소녀를 완전히 잊은 듯 보였지요. 소녀도 떠난 뒤로 소식 한번 없었고요. 그래서인가 소년 스스로도 소녀를 잊었다고 여겼습니다. 굳이 일삼아 소녀의 모습을 떠올려 생각해 본 적이 없었으니까요.

그런데 참으로 이상한 것은 꿈속에서 소녀를 만난다는 사실입니다. 매일 그런 것은 아니고 한 달에 한번 정도는 거의 정기적으로 소녀의 꿈을 꾼다는 점이지요. 함께 손잡고 들판을 달리거나, 멱을 감거나, 서로 장난치며 웃는 그런 꿈들이지요.

꿈은 깨고 나면 잊어버리기 일쑤라서 소년이 소녀의 꿈을 꾼다는 사실을 알아차렸을 때는 어른이 되었을 때였죠.

어느 날, 또 다시 소녀의 꿈을 꾸고 나서 기억을 더듬어 보다가 소녀가 떠난 이후로 수십 년간 계속 소녀의 꿈을 꿔 왔다는 점에 스스로 깜짝 놀랐지요. 하지만 세월은 야속하게도 현실에서 한 번도 소년 앞에 소녀의 모습을 나타내어 보여주지 않았습니다.

이제 소년은 노인이 되었습니다. 자식들은 전부 출가를 했고 여태껏 옆에 의지가 되었던 아내도 얼마 전에 위암으로 세상을 떠났습니다. 노인이 된 소년은 혼자 남았습니다.

지금은 집을 떠나 홀로 여행 중이지요. 그 동안 자식들 뒷바라지 하랴, 아내 병수발 하랴, 제대로 하지 못했던 대한민국 산천구경을 나섰던 것이지요.

요즘도 여전히 한 번씩 소녀의 꿈을 꾸고 있고요. 꿈속에서는 늘 11살 소년입니다. 소녀와 함께 나무그늘 아래서 이솝을 읽고, 안데르센을 읽고, 가끔씩 네잎클로버를 골라주기도 하지요. 때론 꽃다발을 흔들며 달리고, 잔디밭에 함께 뒹굴며 누가 먼저랄 것도 없이 같이 깔깔 웃어 제칩니다.

오늘 소년은 진주역에서 목포로 가는 무궁화호 열차를 기다리고 있습니다. 중간에 순천에서 내려 TV에서만 봤던 순천만의 갈대풍경을 직접 보고 싶었던 것이지요. 어제는 촉석루를 한 바퀴 돌고나서 남강의 장어구이 맛을 보았지요. 소주도 한 잔 곁들여서 말입니다.

열차가 플랫폼으로 들어와 긴 꼬리를 세웁니다. 소년은 기차에 올라타서 지정된 자리를 골라 앉습니다. 옆자리 창가 쪽에는 점잖게 생긴 할머니 한 분이 앉아 있습니다. 소년은 미소로써 할머니께 먼저 실례를 표했습니다. 기차가 황혼처럼 미끄러지며 달립니다.

기차가 하동역을 지날 무렵, 옆에 할머니가 가방에서 수첩을 꺼내 펼칩니다. 수첩 속에는 깨알 같은 글자들이 가득한데 소년은 곁눈으로 봐서 알아볼 수가 없습니다.

 한참 수첩을 찬찬히 뒤적거리던 할머니가 손길을 멈추고 수첩의 표지 안쪽을 가만히 들여다봅니다. 소년의 눈길도 저절로 그리로 향합니다. 순간, 소년의 온몸이 불에 덴 양 뜨거움으로 붉게 물이 듭니다.

 거기엔 그 옛날, 소년이 소녀에게 줬던 네잎클로버가 들어 있었습니다. 비닐이 누렇게 빛이 바래긴 했지만 크고 예쁜 소년의 네잎클로버가 분명했습니다. 매혹적인 곡선의 줄기도 그대로고 네 개의 잎은 아직도 푸른색이 감돌고 있었지요. 소년은 흥분을 가라앉히고 나지막한 목소리로 할머니께 말을 걸었습니다.

 "네잎클로버가 참으로 크고 예쁘네요."

 그러자 할머니는 소년을 보며 젖은 목소리로 대답합니다.

 "그렇죠. 정말 예쁘지요. 50년도 넘은 거랍니다."

 "그렇게 오래도록 간직하셨어요?"

 소년의 물음에 소녀가 대답합니다. 이제는 할머니가 아

니라 소녀인 것이지요.

"간직한 게 아니고 늘 보고 살았지요. 삶이 힘들고 지칠 때 이걸 보고 있으면 편안해 진답니다. 왜 그런지 아세요?"

"왜 그런데요?"

"여기엔 한 소년의 맑은 얼굴이 들어 있답니다. 바로 이 네잎클로버를 저에게 선물한 소년이지요. 그 소년은 저에게 맑은 햇살과, 상큼한 바람, 푸른 강물, 아름다운 자연의 몸짓들을 알게 해 주었지요. 이 네잎클로버를 가만히 보고 있으면 도시 안에서도 들녘이 춤추고, 나무들이 노래하고, 풀잎이 속삭이는 걸 모두 느낄 수 있답니다. 바로 사랑인 것이지요."

소년은 가슴이 뭉클했습니다. 금방이라도 뜨거운 눈물이 솟구쳐 나올 것 같았지요. 하지만 꾹 참고 꼭 알고 싶었던 한 가지를 물어야만 했지요. 소년이 입을 열었습니다.

"소년을 만나볼 생각은 없었나요?"

그 말이 떨어지자 말자, 소년과 소녀의 눈빛이 동시에 마주쳤습니다. 두 사람의 눈동자에 안개 같은 그리움이 물결치는 것 같습니다. 소녀가 뭔가를 안듯 뚫어지게 소년을 바라보며 대답합니다.

"이 세계에 신(神)이 있다면 신을 남겨놔야겠지요. 신을 마구 파헤쳐 버리면 신은 더 이상 신이 될 수 없겠지요. 그럼 우리는 어디에서 안식을 얻죠? 그 소년은 저에게 신이었어요."

소년은 아무 말도 할 수 없었습니다. 침묵이 흘렀지요. 열차가 광양역에 도착하자, 소녀는 옛날처럼 소년에게 손을 흔들며 기차에서 내렸습니다. 광양의 딸네 집에 간다면서….

한참 뒤, 소년은 순천만의 광활한 갈대숲을 바라보며 생각했습니다.

(이 세계는 수많은 비밀을 가진 것 같지만—바람결에 갈대가 흔들리고, 저 드넓은 갈대숲이 알맞은 물길을 내주는 것처럼—실상은 비밀을 전부 열어놓고 있다는…, 평생 꿈꾼 소녀를 그토록 긴 세월을 건너 오늘에야 만나게 한 사실이 그 비밀의 일부라는 것을…, 그래서 이 세계

자체가 사랑이란 것을….)

청춘고백

낙동강 탐사라는 명목으로 짐을 꾸려 집을 나섰다. 말이 탐사지, 그냥 강줄기를 따라 무작정 걷는 것이었다. 나는 지리학자도 아니고 생태학자도 아니다. 아직 인생의 뚜렷한 목표를 정하지 못한 평범한 청년이다.

그러니까 나의 낙동강 탐사에도 목적이 있을 리 없었다. 굳이 목적을 끄집어내자면 무작정 걷다가 이슬처럼 그대로 증발해버리는 일일 것이다. 쉽게 말해서 나는 방황 중이었다.

고생은 예정되어 있었다. 첫날부터 나는 험한 산길을 헤쳐가야만 했다. 강줄기만 따라 가려고 하니까 닦인 길이 있을 리 만무했다. 칡넝쿨을 헤치고 바위절벽을 오르며 산 고개 세 구비를 넘자, 마침 말로만 듣던 합강정(合

江亭)이 나타났다. 땀을 너무 많이 흘러 기절하기 일보직
전이었다.

합강정은 남강과 낙동강이 합류하는 지점인 용화산의
강 절벽 위에 세워진 함안 조(趙)씨의 재실이다. 내가 도
착했을 때 그 곳에는 노부부가 재실을 관리하며 살고 있
었다.

두 분께 넙죽 인사를 올리고 바위샘의 물 한 바가지를
퍼마셨다. 비로소 살만 했다. 한숨 돌려 500살이 넘는
은행나무 그늘아래 앉았다. 거기 발아래 나의 방황을 씻
어주듯 낙동강이 흐르고 있었다. 강 건너엔 손에 닿을
듯 금빛 모래가 햇살에 춤추고, 물길은 언덕을 적시고
다리를 지나, 산맥을 핥으며 굽이굽이 흐르다가 실낱같
은 머리를 끝내 숨긴다.

"학생, 수박 좀 잡쉬 봐."

고지기 할머니가 할아버지와 함께 한 쟁반 가득 썬 수
박을 들고 내게로 왔다. 그들 눈엔 아무래도 내가 학생
으로 보이는 모양이었다. 엄밀히 따져 나는 학생이 아니
었다.

그 무렵, 나는 나를 공부시키려고 고향 떠나 남의 집 식

모살이까지 하는 어머니의 고생을 끝낼 심사로 학교를 그만두었고, 그래도 어머니가 고향으로 돌아가지 않자 '이 한 몸 없어지면 어머니께서 고생하지 않겠지' 하는 궁리를 내며 낙동강을 따라 걷기 시작한 것이었다.

한편으론 내게 다른 방식의 유쾌한 삶이 발견되기를 기대했는지 모른다. 당장 생사를 결판내지 못했으니까….

"저거 끼리 맛있는 거 묵제!"

노부부께 고맙다는 말씀을 올리고 수박 한 조각을 입에 무는데, 강 절벽을 따라 난 오솔길에서 한 사내가 불쑥 나타나 소리를 질렀다. 그 사내를 본 나는 깜짝 놀랐다.

머리에 흰 수건을 덮어쓰고 뒤로 질끈 동여맸는데, 코는 사라지고 콧구멍만 두 개 뻥 뚫렸으며, 울퉁불퉁 살이 불거진 얼굴엔 눈썹도 없었다. 게다가 손가락 열 개가 전부 오그라진 손에는 시퍼렇게 날이 선 낫이 들려 있었다. 그 모습에 누구라도 놀라지 않을까? 문둥이였다.

"이 총각은 누구고?"

놀라서 눈이 동그래진 내 앞에 서슴없이 사내가 앉으며 물었다.

"아, 예. 여행 중인 학생입니다."

사내 앞에서 두렵고 떨리는 마음이 없지 않았지만 나는 용감하게 대답했다. 그리고 모습은 흉측했지만 사내의 눈빛은 선량해 보였다. 노부부와 사내는 거리낌이 없는 사이였다. 우리는 함께 이런저런 이야기를 나누며 수박을 먹었다.

그들은 내가 어디서 왔고, 어느 학교에 다니며, 형제가 몇이며, 부모님은 계시냐는 등의 말을 물었고, 나는 학생이라는 거짓을 빼고는 전부 솔직히 대답했다. 기왕지사 학생이라 말해버렸고, 학생이라는 신분 말고 딱히 나를 내세울 다른 소속도 없는 것이었다.

"형님, 오늘 모처럼 손님이 왔는데 그물 한 번 칠까요?"

할아버지께 문둥이가 형님이라고 부르며 말했다. 할아버지는 문둥이의 말에 '좋다. 그러자.'며 흡족한 미소를 지었다. 그리고 내가 문둥이더러 아저씨라고 호칭하자, 아직 자기는 장가도 못 갔다며 형님이라 부르라고 해서, 나는 문둥이를 형님이라 불렀다. 결국 세 사람이 전부 형제 사이가 된 셈이라며 우리는 웃었다. 우리는 아주 오래된 사이처럼 금방 친해졌다.

 뉘엿뉘엿 서산으로 해가 지려고 하자 강물은 붉게 물들었고, 그 강물 위로 문둥이 형님이 제안한 대로 그물을 치기 위해 우리는 쪽배를 띄웠다. 강물 속으로 그물을 내리는 할아버지의 손길을 도와서, 나는 오랫동안 사용하지 않은 듯 바싹 마른 그물을 풀어나갔다. 문둥이 형님은 긴 대나무 막대기 하나로 능숙하게 배를 몰았다.

 강을 가로질러 그물이 처 졌다. 지금은 웅어가 바다에서 강으로 올라오는 철이고, 낙동강가가 고향인 나는 당연히 그 사실을 알고 있었다. 그날 할머니가 정성스럽게 차려준 저녁을 먹고 어둠 속에서 우리는 헤어졌다.

 할아버지와 할머니는 고지기 방으로, 문둥이 형님은 오솔길 옆의 움막집으로 가고 나는 합강정의 넓은 대청마루를 차지했다. 덕분에 나는 텐트를 펼칠 필요가 없었다. 조금 쌀쌀했지만 흐르는 강물과 풀벌레, 그리고 하늘의 별님들과 벗이 된 멋진 밤이었다.

 날이 채 밝기도 전에 새벽 어스름을 헤치고 문둥이 형님이 나타났다. 문둥이 형이 '형님, 형님!' 하고 부르자 할아버지가 마른기침을 두어 번 하면서 밖으로 나왔다.

"동생아, 빨리 가자."

문둥이 형이 나를 재촉하며 강가로 앞장섰다. 나는 할아버지가 건네준 큰 고무대야를 들고 뒤를 따랐다. 배를 띄워 물안개가 피어오르는 강을 건넜다. 어제 백사장에 고정시켰던 그물의 벼리를 풀고 천천히 그물을 걷어 올리기 시작했는데, 그물은 그야말로 장관이었다.

그물에 걸린 은빛의 웅어떼가 파닥거리며 연신 물방울을 튕겨댔다. 거의 빽빽이 걸려들었다. 그물에서 고기를 떼어내느라 되돌아오는 시간이 한참 걸렸다. 동산에 해님이 동굿 솟아올라, 햇빛을 받은 웅어는 두 눈이 부시도록 반짝거렸다.

배 위에 흩어졌던 웅어까지 모으자 고기는 큰 고무대야에 넘치고도 남았다. 갈치보다 작지만 갈치처럼 생긴 웅어는 물 밖으로 나오자 10초를 못 넘기고 모두 죽었다. 그것은 웅어의 생리로서 어쩔 수 없는 일이다.

"너무 많이 잡혔어."

문둥이 형이 시무룩해 져서 말했다. 처음에 나는 형이 그렇게 말하는 이유를 몰랐다. 많이 잡혀서 신나는 일이 아니냐고 내가 반문하자 문둥이 형이 대답했다.

"넘치면 버려지고 버리는 건 죄악이야. 무엇이든 내가 필요한 만큼만 있으면 되지. 이 웅어는 우리가 먹기엔 너무 많아."

그 말끝에 나는 어머니를 생각했다. 어머니의 사랑이 너무 넘쳐서 나는 그 사랑을 저버린 걸까? 그런데 버린 쪽은 어머니가 아니고 내가 아닌가. 형의 말대로라면 결국 나는 죄악을 저지른 셈이다. 그래도 속에서는 어머니가 빨리 고향에 돌아갔으면 하는 마음이 더 강하게 솟아나는 건 어쩔 수 없었다.

할아버지와 형이 웅어회를 치는 동안 나는 버려져야 할 웅어들을 고무대야 한가득 자전거에 싣고 문둥이 형이 가르쳐 준 길을 따라 장암 마을 구판장으로 갔다. 거기서 나는 웅어 대신 소주 됫병 두 병을 자전거에 싣고 돌아왔다. 모르긴 몰라도 아마 이날 장암리에선 웅어 잔치가 크게 벌어졌을 것이다.

문둥이 형의 말과는 달리 넘치는 것도 나눈다면 나쁘지 않을 것 같은 생각이 들었다. 그런데 나는 어머니의 넘치는 사랑을 나누지 못하고 배척해 버렸다. 나는 어머니

의 사랑을 받아들일 그릇이 안 되는 걸까? 내 마음 속에
는 어머니에 대한 미안한 마음이 조금씩 자리 잡기 시작
했다.

합강정의 은행나무 밑에서도 아침나절 내내 웅어회 파
티가 벌어졌다. 싱싱한 웅어의 부드럽고 고소한 맛은 나
를 저절로 미소 짓게 만들었다. 거기에 감칠맛 나는 할
머니의 초장과 문둥이 형님의 입담이 더해져 세상의 어
떤 맛도 지금 이 맛은 흉내 낼 수 없을 것 같았다.

문둥이 형은 강 건너 남지고등학교를 졸업했다고 했다.
부모님이 한센씨병 환자이긴 했지만 이 병은 유전병이
아니기 때문에 자신이 이 병에 걸릴 줄은 생각지 못했다
고 했다. 언제나 활기찼으며 노래를 잘 불러 학창시절
인기가 최고였다고 한다. 내가 형의 노래를 듣고 싶다고
했더니,

"헤어지면 그리웁고 만나보면 시들하고….”

'청춘고백'이란 노래를 부르는데, 목소리가 어찌나 구
성진지 노래를 들으며 나는 눈물을 흘렸다. 그는 스무
세 살이 되어서 몹쓸 나병이 발병한 줄 알았고, 그때 목
숨보다 사랑했던 한 여자를 스스로 떠나야만 했다고 말

하며 눈물지었다.

"아직도 나는 그녀를 잊지 못하지. 나는 그녀의 사랑을 얻기 위해 내 부모님이 나환자란 사실까지 숨겼어. 그녀를 속인거지. 그런데 나까지 병에 걸리자 더 이상 그녀 앞에 설 자신이 없었어. 나는 간다는 말 한 마디 없이 몰래 그녀를 떠났지. 얼마나 나를 욕했을까? 하지만 나는 그녀까지 불행하게 만들고 싶지 않았어. 이유야 어쨌든, 죄 많은 청춘인 게지."

문둥이 형의 청춘고백을 들으며 나는 가슴이 저며지는 아픔을 느꼈다. 형의 남겨진 여자처럼 대구에 홀로 남겨진 나의 어머니는 나를 얼마나 욕할까? 형은 스스로의 아픔을 참으며 상대를 위한 선택을 했고, 나는 단지 어머니의 고생이 보기 싫은 내 생각의 만족을 위한 선택으로 학교를 그만 둔 것은 아닐까?

상대를 위한다는 명분은 같아도 행동의 선택 방향은 이기적인 것과 이타적인 것으로 나눠질 수 있다는 얘기이다. 하지만 나는 그 구분을 짓는 데에 무엇이 이기적이고 무엇이 이타적인지 도무지 판단이 서질 않았다. 마치 에너지 생산을 위해 원자력을 써야 되느냐? 쓰지 말아야 하느냐? 하는 의문을 가지는 것처럼….

 웅어 잔치가 끝나고 나는 떠나려고 했다. 그런데 문둥이 형이 막무가내로 나를 붙잡았다. 나는 형이 그냥 사람의 정이 그리워서 그러나 보다 여겼는데 그게 아니었다.
"내가 아직 동생한테 말하지 않은 비밀이 있어. 그건 내일이 돼야 알려줄 수 있거든. 오늘은 동생하고 노느라 일을 못했어. 술도 취했고…. 그리고 동생이 강 따라 걸어가려면 이쪽 길은 너무 험해. 내일 내가 건너편으로 실어줄 테니 그렇게 해."
 형이 한 가지도 아니고 몇 가지 이유를 대며 나를 붙잡는 데에 나는 꽁무니를 뺄 도리가 없었다. 그리고 형이 말하는 비밀이란 게 뭔지 궁금하기도 했다.

 남지가 코앞에 있네.
 고향이 코앞에 있네.
 내 사랑이 코앞에 있네—.

형은 한숨 자야겠다면서 내가 알 수 없는 노래를 부르며 절벽 위 오솔길을 따라 자기 움막으로 돌아갔다. 나도 합강정의 대청마루에서 낮잠을 청했다. 시원한 강바람에 파묻혀 신선이 된 기분이었다.

서산에 해가 걸렸을 무렵, 나는 잠에서 깼다. 딱히 할 일이 없던 나는 문둥이 형의 움막으로 가보기로 했다. 그가 사는 모습을 보고 싶었던 것이다. 오솔길을 따라 스무 발자국 쯤 가니 바로 강줄기가 내려다보이는 산기슭에 스레드 지붕의 오두막이 보였다.

"형님!"

함석으로 만들어진 문 앞에서 문둥이 형을 불렀다. 아마 내가 잠을 깨운 듯 했다. 형이 깜짝 놀란 얼굴로 문을 열어주었다. 문을 열자 거기는 바로 부엌 겸 침실이었다. 형이 나를 보고 놀란 이유가 있었다. 형이 이 움막에서 10년 넘게 살았는데 찾아온 사람은 내가 처음이라고 했다. 매일 보는 고지기 할아버지도 움막을 찾은 적은 없다고 했다. 그러면서 형은 덧붙여 말했다.

"동생은 참 겁 없는 놈이여. 사람들은 날 보기만 해도 슬금슬금 피하는데, 내 집까지 쳐들어오다니…. 하기야

나도 자네만할 땐 겁이 없었어."

　방은 채 두 평이 될까 말까 하였다. 방 안에는 가재도구, 라디오 한 대, 벽에 걸린 옷가지 몇 벌, 조그만 앉은 뱅이 탁자 위에 책 십여 권, 그 탁자 위에 촛대, 그리고 그 촛대 옆에 연인의 다정한 모습이 담긴 사진 액자가 서 있었다.

"이 사진이 형님이우?"

　내가 사진을 가리키자 형이 씁쓸한 미소를 지으며 대답했다.

"날 보려고 둔 게 아녀. 아까 내가 말한 내 사랑이 사진 속의 그녀여. 예쁘지?"

　나는 사진을 자세히 보았다. 여자도 예뻤지만 내 눈에는 형이 더 잘 생긴 것 같았다. 저 건강한 모습을 잃은 형은 얼마나 비통할까? 하는 생각을 하는 새에 나는 형의 손에 떠밀려 움막에서 나와야만 했다.

　날보고 여기 오래 있으면 큰일 난다며 내일 아침에 보자고 했다. 물론 나는 형이 말하는 큰일이 병의 감염을 뜻하는 것임을 알았다. 하지만 내 낙동강 탐사의 목적이 나의 증발이라는 걸 되새기면 그것은 하등의 문제가 될 것이 없었다.

 다음 날, 날이 밝기 무섭게 문둥이 형이 나를 데리려 왔다. 나는 고지기 할아버지 할머니께 신세져서 고맙다는 인사를 올리고 배낭을 멨다. 형의 쪽배에 올라타니 형은 내 예상과 달리 배를 절벽 아래로 몰았다. 강을 건너지 않고 배가 왜 이리로 가느냐고 내가 물었더니 형이 말했다.
 "어제 내가 비밀 한 가지를 말해 준다고 하지 않았나? 그 비밀을 말해 줄려면 해야 할 일이 있거든. 동생은 잠자코 있기나 해."
 나는 자못 궁금했다. 사실 어젯밤 나는 답을 찾지는 못했지만 밤새도록 형의 비밀이 뭘까? 하고 곰곰 생각했었다. 형이 배를 몰아 대나무 막대기를 절벽 바위틈에 박아 배가 물살에 떠내려가지 않도록 밧줄로 고정시켰다.
 그런 다음 형은 배에 가만히 앉아 낚싯줄을 물속으로 내렸다. 줄 끝에는 낚시 바늘 갈고리가 사방으로 고착된 추가 매달려 있었다. 줄을 물속에 알맞게 내렸는지 형은 낚싯줄을 가만히 손으로 쥐고 마치 명상하듯 정신을 집중했다.

시간이 10분 정도 흘렀을까, 형이 낚싯줄을 잽싸게 낚아챘다. 형이 천천히 힘을 쓰며 낚싯줄을 끌어올리는데 매우 묵직한 것이 딸려오는 것 같았다. 물 밖에 모습을 드러낸 것은 잉어였다. 내 팔뚝만한 잉어가 등지느러미에 낚싯바늘이 박혀 거의 힘을 쓰지 못하고 배 위로 끌려왔다. 형은 잉어의 아가미를 줄에 꿰어 배 뒷전에 매달아 잉어가 물속에서 놀도록 버려뒀다.

"우와! 형님 대단합니다. 어째 미끼도 안 쓰고 물고기를 잡아내다니요."

형이 설명하는데, 이것은 훌치기낚시로써 미끼를 쓸 필요가 없으므로 돈도 안 들고, 강물도 오염시키지 않을 뿐더러 오로지 손 감각에 의지해야 하기 때문에 정신을 집중해야 하고, 그 덕분에 마음의 평화까지 얻는다는 것이었다. 또 덧붙여 설명했다.

"그러자면 먼저 강을 알아야 하지. 잉어가 어느 물길을 찾아다니는지, 또 어느 시간에 몇 마리나 다니는지 물속 사정까지 알아야 훌치기낚시를 할 수 있지."

알고 보니 그것은 문둥이 형의 유일한 생계수단이었다.

그리고 어떤 일이 있어도 하루에 한 마리만 잡는다고 했다. 크기 따라 다르지만 잉어 한 마리에 대충 5,000원에 넘기는데, 그 돈이면 혼자 사는데 충분하다고 했다. 강의 질서를 위해서 그 규칙은 반드시 지켜야 한다고 강조하는 것이었다.

형이 배를 고정시켰던 밧줄을 풀고 노를 젓기 시작했다. 나는 생각했다. 이 세계의 질서까지 헤아리며 살아가는 문둥이 형의 태도야말로 진정한 사랑의 표본이 되어야겠다는, 또한 나도 그렇게 살아야겠다는 것을….

배는 물길 따라 아래, 남지 쪽으로 가고 있었다. 나는 다시 형에게 배를 내리모는 이유를 물었다. 형이 대답했다.

"아직 동생한테 비밀을 말해주지 않았잖아. 한 가지 할 일이 더 있거든."

한참 만에 배는 남지 철교를 지나 남지 선창가에 다다랐다. 나로서는 출발했던 곳으로 되돌아온 셈이었다. 선창가엔 횟집이 줄지어 마주보고 있었다. 나는 형이 시키는 대로 배에 매달렸던 잉어 한 마리를 풀어 손에 들었다. 물에서 나온 잉어가 버둥거리자 엄청 무거웠다.

앞장 선 형의 걸음이 무척 가벼워보였다. 그리고 배에
내려서부터 그는 계속 싱글벙글 웃고 있었다. 나는 잉어
의 무게에 낑낑대며 앞뒤보지 않고 형이 인도한 식당으
로 들어갔다.

거기 여주인이 형을 반갑게 맞으며 커피까지 내왔다.
덕분에 나도 커피를 마셨다. 잉어는 무게를 잰 뒤 수족
관으로 던져졌다. 식당 여주인은 형에게 6,000원을 셈
해 주었다. 그런데 내 눈에 그 여주인의 모습이 이상하
게 어디서 본 듯이 낯이 익었다.

돌아오는 배 안에서 형이 말했다.

"이제 동생에게 내 한 가지 비밀이 뭔지 말해 주지. 이
것은 내가 합강정에서 살아가는 이유이기도 해. 나는 사
랑하는 사람을 떠나 이 곳 내 고향인 남지로 돌아와 10
년 동안 사람들의 눈을 피해 살았지. 사람들이 나를 멸
시하는 것은 얼마든지 견딜 수 있었어. 가장 괴로운 게
뭔지 아나? 보고 싶은 사람을 못 본다는 거야. 그 여자
는 강원도 강릉 사람이었어. 이름이 혜숙이지.

나는 그 사람이 죽도록 보고 싶었어. 하느님, 먼발치에
서라도 좋으니 그녀를 보게 해 달라고 나는 빌고 또 빌

었지. 한 번은 이런 몰골로 강릉까지 갔었어. 그런데 그녀가 이사를 해버려 집을 못 찾고 헤매다가 그냥 돌아오고 말았지. 하지만 하느님은 나의 기도를 저버리지 않으셨네.

어느 날, 남지 선창가를 지나다가 기적같이, 횟집에서 일하고 있는 그녀를 보았네. 나는 단박에 그녀를 알아보았지만 그녀는 나를 알아보지 못했지. 나는 그녀를 좀 더 가까이서 보려고 합강정에서 터전을 잡고 매일 한 마리의 잉어를 잡고 있네.

아까 식당에서 자네가 봤던 그 여자가 바로 혜숙이야. 아직도 그녀는 나를 알아보지 못한다네. 알아봐서도 안 되고…. 내가 동생에게 말해주려는 비밀은 이런 신파적인 연애 이야기가 아니라네. 지금 그녀가 횟집을 운영하고 있고 내가 잉어를 잡는다는 사실이 중요하지.

그녀가 왜 그 먼 강릉 땅에서 여기 남지까지 와서 장사를 하겠는가? 이것은 그녀 혼자의 의지만으로는 불가능한 일이라네. 이 세계엔 우리 인간이 어떻게 할 수 없는 힘이 존재한다네. 그 힘은 마치 퍼즐을 맞추듯 우리의 일상을 빈틈없이 오밀조밀 끼워 맞춘다네.

나는 개인적으로 그것을 「신의 사랑」이라고 부르지. 이 신의 사랑은 시와 때를 가리지 않고 어느 때, 어느 곳이든 존재하고 있지. 이것이 내가 어제부터 동생에게 말해 주려던 한 가지 비밀이라네."

문둥이 형님이 긴 얘기를 하는 동안 배는 남지 철교를 지나 합강정을 눈앞에 두고 있었다. 물길을 거슬려왔지만 형은 대나무 작대기를 짚을 수 있는 얕은 물가로 배를 몰았기 때문에 속도가 빨랐다.

이제 내가 내릴 지점에 거의 다 온 것이다. 형의 말을 통하여 낯익었던 횟집 여주인이 형의 움막 사진 속에 있던 여자란 것은 알았지만, 세계의 비밀에 관한 형의 말은 내가 살아가면서 두고두고 곱씹어 봐야 알아질 것 같았다.

다만 형의 말을 잼 없이 그대로 믿고 본다면, 어머니가 지금 대구에서 식모살이를 하는 것도 이 세계의 사랑에 속하는 일일 것이므로 내가 나서서 왈가왈부할 계제가 아니라는 셈이 나온다.

나의 처지 역시 그러하다면 나의 소명은 오직, 형이 말하는 신의 사랑에 귀 기울이는 일 밖엔 달리 할 일이 없을 것 같은 생각이 든다. 그렇다면 내 인생의 목표가 정해지는 것인가?

문둥이 형은 나를 내려줄 생각이 없는 모양이다. 배가 뭍에 닿지 않으니 나는 어쩔 도리가 없다. '조금만 더 데려다 주마.' 하며 계속 강물을 거슬러 노를 젓는다. 이별이 싫은 것이다. 형의 이마엔 구슬 같은 땀이 송골송골 맺혔다.

합강정을 지나 본류로 흘러드는 남강의 물길이 눈에 들어온다. 강물 위로 문둥이 형의 '청춘고백'이 울려 퍼진다.

헤어지면 그리웁고 만나보면 시들하고
몹쓸 건 이 내 심사 믿는다 믿어라
변치 말자 누가 먼저 말 했던가
아아, 생각하면 생각사록 죄 많은 내 청춘

그날 이후, 나는 오로지 낙동강 강줄기만 따라 상주까지 걸어갔다, 험난한 여정이었다. 체력의 한계에 부딪혀 증발하지도 못하고 38일 만에 일정을 접고 버스에 몸을 실었다.

대구에서 어머니가 차려주신 밥 한 그릇을 먹고, 나는 문둥이 형이 말한 「신의 사랑」에 귀 기울이기 위해 바로 산으로 갔다.

반구정(伴鷗亭) 연가

전편(前篇) '청춘고백'을 잇는 이야기이다. 정확히 29년이란 세월을 지나, 충분히 잊을 법한 이름과 얼굴을 잊지 않고 나는 합강정을 찾았다. 인심은 야속하여 남 사정은 모르고 제 형편만 따라 가기도 하고 오기도 하니, 아무리 간절했던들 잊지 않았단 말은 허울이 된다.

고지기 할아버지 할머니가 머물던 처소는 댕그라니 뼈대만 남고 다 허물어져서 싸늘한 기운이 내려앉았고, 문둥이 형의 움막은 아예 길이 사라져 갈 수가 없다. 그나마 먼지를 덮어쓰고 있지만 지방문화재란 명목으로 합강정이 건재한 게 다소나마 위안이 될 뿐, 옛 정취는 느낄 수가 없었다.

또한, 500살 은행나무는 그대로였지만 주변에 전에 없었던 대나무들이 무성히 자라나 강 풍경을 가로막고 서

있었다. 눈에 정 붙일 곳 없고 강바람마저 잠을 자니 그
저 답답할 따름이었다.

 예전에는 없던 임도가 잘 닦여져 산꼭대기까지 이어진
것 같아 보였다. 옛 기억을 더듬어 내가 사생결단으로
넘던 산길을 살펴보았다. 내 기억이 맞는다면 합강정에
서 한 고개 넘어 다 쓰러져 가는 기와집 한 채가 있을 터
였다. 나는 거기서 혼자 농사를 짓던 할머니께 물 한 잔
을 얻어 마셨던 것이다.

 과연 고개 하나를 넘으니 임도가 세 갈래로 갈라지고
거기 아랫방향으로 「반구정」이란 안내팻말이 서 있었다.
내려가 보니 큰 느티나무가 그대로인 걸 봐서 자리는 옛
자리가 분명했다. 그런데 정비가 너무 잘 돼 있어서 다
소 생소했다. 다 쓰러져가던 기와집은 새로 보수를 하여
깔끔하게 단장을 했고 예전에 없던 별채가 신식으로 지
어져 있다.

 온기가 감도는 걸 봐서 사람이 살고 있는 게 분명했다.
마당에 서서 보니 기와집 처마 밑엔 반구정(伴鷗亭)이란
현판이 걸려 있었다. 옛날 내가 이 곳을 지날 때엔 내가
너무 지친 탓에 현판을 보지 못하고 그냥 예사롭게 지나

쳤던 모양이다.

반구정의 한쪽 마루 끝에는 정수기 한 대가 있고 옆에
종이컵과 나란히 일회용 커피가 조그만 대바구니에 담겨
져 있었다. 그리고 기둥에는 붓글씨로 잘 써진 안내문구
가 붙어 있었다.

할머니의 따뜻한 마음을 전하고자 마련하였습니다.
누구든지 와서 드시고 즐거운 시간 되십시오.

그리고 기억이 나지 않지만 안내문 끝에는 외손자의 이
름이 부기되어 있었다. 아마 그때 내게 물 한 잔을 주시
던 할머니는 돌아가신 모양이었다. 나는 커피 한 잔을
마시면서 발아래 굽어진 낙동강의 정취를 한껏 느끼고
있었다.

그때, 임도에서 자동차 한 대가 들어와 반구정 입구에
서 차를 세웠다. 차 뒤에는 백구 한 마리가 온몸에 풀씨
를 묻히고 펄쩍펄쩍 뛰면서 차에서 내리는 할아버지께
달려든다. 한복 두루마기를 단정하게 차려입으신 할아버
지시다. 손에는 지팡이를 들었지만 허리는 꼿꼿하니 정

정해 보였다.

내가 인사를 올리자 할아버지도 깍듯이 반기며 당신이 집주인이라고 밝히셨다. 내가 옛 이야기를 들먹이며 할머니 안부를 묻자, 할아버지는 연방 눈물이 나는지 옷소매로 눈가를 훔치며 말씀하셨다.

"그땐 제가 정말 무심했지요. 이런 오지에다 마누라 혼자 남겨놓고 객지를 떠돌았으니까요. 허물어져 가는 집에, 제대로 먹을 거나 있었나요? 우리 마누라 고생 말도 못하지요. 제가 늦게 철이 들어 마누라 한 번 받들고 살아보려고 여길 왔는데, 그렇게 허망하게 갈 줄은 저 강도 몰랐나 봐요."

할아버지의 표정에는 후회의 빛이 역력했다. 그리고 눈속 깊은 곳에선 할머니를 향한 그리움이 가득 찼다. 내가 물었다.

"할머니께선 언제 돌아가셨습니까?"

"이제 이태가 지났습니다. 제가 와서 집도 새 단장을 하고 늘그막이지만 마누라 고생 안 시키고 살만한 능력도 됐지요. 그리고 한 해는 재미나게 살았습니다. 이태 전 하루는 마누라가 참깨 밭에 김을 매고 있기에, 내 딴에 마누랄 골려주려고 뒤로 살금살금 다가가 '까꿍'하며 소리쳤죠. 그랬더니 글쎄, 마누라가 깜짝 놀라 풀썩 주저앉아버리데요. 참, 믿을 수 없죠. 마누라는 그 자리서 호미를 쥔 채 숨을 거뒀어요. 지금 그 자리에 불망비(不忘碑)를 세워뒀습니다. 아무 소용없는 일이지만서두요."

"그랬군요."

나는 이제 안다. 문둥이 형이 말한 '신의 사랑'이 할 일을 다 한 사람의 목숨은 거두어간다는 것을…. 그래서 사람들은 살만하면 죽는다는 것을…. 그리고 혹시 할아버지께서 알까 하여 나는 합강정의 소식을 물었다. 그랬더니,

"잘은 모르고 소문을 들었습니다. 고지기부부는 자식들이 와서 마산으로 모셔갔고, 문둥이는 아마 성이 강 씨라 하든가, 죽은 지 20년도 넘었을 걸요. 면에서 나와 문둥이 움막 불태우다가 산불 낼 뻔 했다고 동네 사람들이 그러데요."

할아버지의 대답을 듣자, 나는 가슴이 메어졌다. 왜 진작 와 보지 못했을까? 형은 또 얼마나 외로웠을까? 신

의 사랑도 사람의 노력여하에 따라 베푸는 손길이 달라지는 법인데, 문둥이 형 생전에 내 한 번만 찾았더라도 형의 저승길이 좀 더 유쾌했을 텐데….

그런저런 생각을 하며 나는 할아버지께 커피 잘 마셨다고 감사를 드렸다. 그러자 할아버지는 외손자 얘기를 한다.

"글쎄, 우리 할멈 생전에 오는 손님 그냥 보낸 적 없다며 외손자가 커피를 사 대내요. 제 외할미를 지어미 보다 더 따랐어요."

"아, 예."

나는 그리움이 가득 찬 할아버지의 눈빛을 달래듯 고개를 끄덕이고 할아버지가 말한 불망비 쪽으로 걸음을 옮겼다.

"있을 때 잘해야 돼요. 있을 때…."

돌아서 걷는 나의 등짝을 향해 할아버지가 큰소리로 말했다. 그 말은 자신을 향한 후회의 외침이자 세상의 모든 이에게 할아버지가 전하는 웅변처럼 날아와 내 가슴에 꽂혔다.

할머니가 숨을 거뒀다는 자리에는 매끄럽게 다듬어진

까만 화강암이 서 있고 주변에는 지금 무가 자라나고 있었다. 화강암에는 할아버지의 마음을 담은 글귀가 또렷하게 새겨져 있었다.

평생 고생한 당신
여보, 미안해.

그 진솔한 불망비 앞에 나는 합장의 예를 올렸다.
'29년 전, 물 한 잔의 인연이 당신 앞에 고개 숙입니다. 빈손으로 와서 또, 커피 신세를 지고 갑니다.'
할머니께 인사를 드리고 나자 대답인 양 시원한 강바람이 불어왔다. 바람을 맞으며 나는 살아서 베푼 사람은 죽어서도 베푼다는 생각을 했다. 이 세계는 우리가 음덕이라고 부르는 그런 사랑이 모여 생명에 빛을 뿌리는 집합체일 게다.
그게 맞는다면 할머닌 돌아가신 것이 아닌 것이다. 그러므로 우리는 주변의 모든 일상을 은혜로서 섬기는 태도를 지녀야 할 것이다. 그 생각을 하며 나는 발길을 돌렸다.

할아버지는 내가 돌아오기까지 반구정의 마당에 서서 기다리고 계셨다. 나는 할아버지의 두 손을 꼭 잡고 건강히 계시라며 작별 인사를 올렸다. 할아버지는 내게 언제든지 또 오라고 말씀하시며 활짝 웃는다.

백구 역시 내가 임도의 언덕을 다 오를 때까지 따라와 꼬리치며 배웅을 한다. 언덕 위에 다다르자, 할아버지가 흔드는 손은 더 이상 보이지 않았지만 대신, 내 귀에는 할아버지가 부르는 반구정 연가가 크게 메아리쳤다.

있을 때 잘해. 후회하지 말고
있을 때 잘해. 흔들리지 말고

낙동강에 놀던 물새는 사라졌지만 반구정(伴鷗亭)에는 지금 할아버지가 있다. 커피가 있다.

박 선생의 프러포즈

그 여고에는 미혼인 남자교사가 8명 있다. 미혼인 여자교사는 5명이다. 박 선생은 그 여교사 5명 중의 한 사람으로 생물을 가르친다. 요즘 박 선생은 수업보다 미모에 더 많은 신경을 쓴다. 자신의 신랑감을 점찍어 놨기 때문이다.

마음씨 착하고, 능력 있고, 키는 175센티 정도, 인물은 보통이면 되고, 뚱뚱한 남자는 싫어. 남자가 쌍꺼풀 있는 것도 안 돼. 이런 박 선생의 눈높이에 딱 맞는 남자를 찾은 것이다. 그 발견은 그 동안 박 선생이 8명의 미혼 남교사를 세심히 관찰하면서 비교분석한 노력의 성과였다.

한 선생은 다 좋은데 뚱뚱해서 탈락, 이 선생과 조 선생은 아예 낙제, 정 선생은 성격이 까다로워서 탈락, 박 선

생은 동성동본이라 탈락…, 그렇게 해서 남은 최후의 1
인은 영어 담당인 김철우 선생님이었고, 요즘 그를 향한
박 선생의 애정공세가 은밀히 개시되었다.

　일단 많은 시간을 김 선생과 함께 보내는 것을 기본전
략으로 삼고 출근시각은 김 선생과 똑같이 맞추었고 퇴
근 후엔 밥집이든, 술집이든, 김 선생을 따라붙었다. 그
중간에 커피서비스, 애정의 눈 화살 쏘기, 고의적인 스
킨십 등이 제공되었다.

　그런데 박 선생을 고심에 빠뜨린 것은 김 선생의 태도
였다. 겉으로 보기에 김 선생은 박 선생의 애정표현을
받아주는 듯 했다. 박 선생이 웃으면 같이 웃어 주었고,
친근한 척 손으로 어깨를 쳐도 꺼리지 않았다. 문제는
아무렇지도 않게 받아들이는 무덤덤함, 바로 그것이었
다.

　'김 선생님, 커피 드실래요?' 그러면 '예.' '김 선생님,
오늘 저녁 식사 어때요?' 하면 '좋죠.' ―그런 식으로
거부하는 법이 없다. 함께 자리에 앉아서도 김 선생은
학교운영 이야기며, 학생들 이야기며, 주변 일상에 관한
이야기들은 곧잘 한다.

하지만 정작 박 선생이 바라는 이야기들—예컨대, 박 선생은 가족이 어떻게 되느냐? 취미는 뭐냐? 애인은 있느냐?…, 등— 은 아예 없다. 그 점은 대개 애정상대로서 관심이 없음을 암시하는 것이어서 박 선생은 남모르게 속을 앓아야 했다.

고심 끝에 박 선생은 김 선생과 특별한 관계로 지낼 수 있는 어떤 계기를 만들어야겠다는 결심을 했다. 지금까지 교내 선생님들이며 학생들 눈치를 살피느라 너무 밋밋한 작전을 펼쳤다는 생각이 들었던 것이다.

결심이 선 그날, 미리 알아두었던 김 선생의 집 앞에 박 선생이 먼저 가 있었다. 계획의 실마리를 풀어줄 넥타이 선물까지 샀다. 향수도 로즈 향에서 재스민으로 바꾸어 뿌렸다. 박 선생은 스스로 당차고 성숙한 느낌을 가지려 애썼다. 자꾸만 마음이 떨렸기 때문이다.

계획은 간단했다. 김 선생 앞에 직접 자신의 마음을 보이는 일이었다. 김 선생의 집 앞에서 기다리고 있는 자체만으로 목적의 절반은 이루는 셈이고, 여자가 남자에게 넥타이를 선물하는 의미가 소유욕에 해당된다는 사실까지 헤아린다면 계획성공은 코앞에 있었다.

그 코가 길게 빠져 꼬박 세 시간을 기다렸다. 어둠이 깊어졌을 때 가로등 아래에 김 선생이 모습을 드러내었다. 술을 마셨는지 가로등 불빛에 얼굴이 유난히 붉어 보였다. 박 선생이 앞에 다가서자 김 선생은 깜짝 놀라며 뒷걸음질을 쳤다.

"박 선생님이 여긴 어쩐 일이세요?"

"예, 김 선생님께 전해줄 게 있었는데 학교에서 깜빡하는 바람에 예까지 걸음을 하게 됐네요."

박 선생은 마음속으로 수십 번도 넘게 연습했던 대로 말하며 넥타이 선물이 든 종이가방을 내밀었다.

"이게 뭡니까?"

김 선생은 여전히 놀란 표정으로 박 선생과 종이가방을 번갈아 보았다.

"그냥 김 선생님께 드리는 선물이에요."

그러면서 박 선생은 얼른 종이가방을 김 선생의 손에 쥐어주었다. 그리고 그대로 돌아서서 도망치고 싶은 마음이 굴뚝같았지만 박 선생은 그렇게 하지 못했다. 김 선생이 선물을 잡지 않고 박 선생의 손에 도로 건넸기 때문이다.

"선물이라면 제가 박 선생께 드려야죠. 요즘 너무 저한 테 잘해주셔서 미안하던 참인데, 이렇게까지 하시면 제가 더욱 미안해지죠. 그리고 무턱대고 선물을 받을 수는 없습니다. 죄송합니다."

김 선생의 정중한 거절에 박 선생은 무척 당황스러웠다. 뭔가 잘못됐다는 판단과 더불어 복잡한 감정이 스쳤다. 부끄럽고, 화나고, 슬펐다. 순간적으로 박 선생의 볼멘소리가 터져 나왔다.

"어쩜 그렇게 제 마음을 몰라주시나요?"

박 선생의 눈에 눈물이 그렁그렁했다. 눈물을 봐서라도 김 선생이 제 마음을 알아주기를 바랐다. 그러자 박 선생의 기대와는 달리 김 선생은 정색을 하며 차분하게 말했다.

"박 선생님의 마음이 어떤지 모르지만 저는 부담스럽습니다. 저는 박 선생의 직장동료일 뿐이지 선물을 받을 입장은 아닙니다. 그러니까 양해해 주십시오."

김 선생의 사양하는 태도가 너무 진지해서 냉기마저 느껴질 정도였다. 그 냉기에 전염되어 박 선생까지 마음이 차분해졌다. 그 순간, 박 선생의 마음속에선 계획이 뒤틀리더라도 김 선생의 속내를 알아야겠다는 오기가 치솟았다.

"김 선생님은 결혼 안 하실 거예요?"

오기로 내뱉은 말이 무슨 효능을 발휘한 것일까, 신기하게도 그 말끝에 박 선생은 편안함이 느껴졌다. 좀 전의 복잡했던 감정이 말끔히 사라진 것이다.

"결혼해야죠."

김 선생이 겸연쩍은 웃음을 지으며 대답했다.

"어떤 여자랑 결혼하고 싶으세요?"

그 말을 물으면서도 박 선생은 마음이 가뿐했다. 오랜 친구와 대화하듯 여유마저 생겨났다.

"첫눈에 반하는 여자랑 결혼할 겁니다."

김 선생의 대답에 박 선생은 피씩 웃음이 나왔다. 김 선생과 함께 근무한 지 3년이 됐으니까, 박 선생 자신은 3년 전에 이미 퇴짜를 맞았다는 계산이 서는 거였다. 외모, 능력, 성격 등등…, 남선생님들에 대한 자신의 관찰이 (흐름이라는)핵심을 잃은 처사인 걸 절실히 깨닫는 순간이기도 했다.

사랑은 계획이나 노력으로 얻는 일과는 비교 못할 섬세한 얼굴을 가졌다는 앎까지 덤으로 얻어가며 박 선생은 다시 김 선생에게 선물 가방을 건네주었다.

"김 선생님, 첫눈에 반하는 여자를 빨리 만나길 바라는 제 마음의 선물입니다."

우리 선생님의 첫사랑

고교시절, 우리 1학년 2반 60명은 전부 행운아였다. 정말 훌륭한 담임선생님을 만났기 때문이다. 독어를 가르치는 우리 선생님은 체구는 작았지만 맷집이 단단하고 매서운 눈빛을 지니신 분이셨다. 서울 말씨를 쓰면서 말씀을 허투루 하는 법이 없으시며 공과 사가 분명했다.

학생 한 명이 잘못을 저지르면 선생님께선 그 책임을 우리 전부에게 물었다. 그 전부에는 선생님 자신도 포함되었다. 단체기합으로 웃통을 벗고 운동장 스무 바퀴를 달리는 반은 전교에서 우리뿐이었다. 그 대열의 맨 앞에는 항상 선생님이 계셨다.

그리고 선생님께선 쉬는 시간 틈틈이, 우리 중의 한 명을 교무실로 불러 지도와 격려의 말씀을 들려주셨다. 우리 반 급우라면 전부, 개별적으로 교무실에 따로 선생님께 불러간 경험을 가지고 있었다.

나 또한 예외가 아니었다. 내가 갔을 때 선생님은 나의 머리를 어루만지며 말씀하셨다.

"나는 너처럼 머리 좋은 학생을 만난 건 처음이다. 너는 지금보다 조금만 더 노력하면 전교 1등은 문제없을 거야. 항상 시골에서 고생하시는 어머니를 생각해라."

그런 식으로 선생님께선 우리에게 용기와 사랑을 주셨다. 우리 1학년 2반은 부동의 모범반이었다. 체육대회에서 전교 1위는 물론, 교과 성적도 최고였으며, 문제아는 한 명도 없었다. 선생님은 우리에게 형이자 아버지였고, 우리는 그런 선생님의 말씀을 거스른 법이 없었다.

그런 어느 날, 교실 창밖에 장대비가 내리고 있었다. 한낮인데도 교실은 컴컴했고 우리들의 기분도 날씨 따라 축 처져 있었다. 마침 독어수업을 위해 우리 선생님이 교실로 들어오셨다. 선생님께서 출석점검을 마치고 막 수업을 시작하려는 찰나, 뒤쪽에서 한 학생이 소리쳤다.

"선생님, 첫사랑 얘기 좀 해주세요."

그 말을 필두로 전부 이구동성이 되어 선생님을 보챘다.

"선생님, 첫사랑 얘기 좀 해주세요!"

그러자 선생님은 갑자기 표정이 굳어지면서 잡았던 분필을 내려놓았다. 그리고 아무 말씀도 하지 않고 교탁을 떠나 창가로 뚜벅뚜벅 걸어가셨다. 한참 동안 선생님은 쏟아지는 장대비를 바라보며 우뚝 서 계셨고 우리는 숨을 죽였다.

솔직히 우리는 기대 반, 두려움 반의 심정으로 숨을 죽이고 있었다. 물론, 반은 선생님께서 첫사랑 얘기를 해주시는 거였고, 반은 수업을 훼방 놓은 우리를 벌주는 거였다. 나는 그때 '선생님께서 첫사랑의 상처가 얼마나 깊기에 저리 아파하실까?' 하는 생각을 하고 있었다.

1분은 넘게 지났지 싶다. 창밖을 보던 선생님께서 돌연, 떠날 때와 똑같이 심각한 표정으로 교탁으로 돌아와 우리를 향해 입을 열었다.

"첫사랑은 누구에게도 이야기하는 것이 아냐. 수업시작!"

그러면서 분필을 잡으셨다. 우리는 전부 아무 대꾸도 하지 못했다. 이날은 장대비가 종일 그치지 않았다.

그때 그 순간, 선생님의 1분은 우리 가슴에 평생의 시간으로 자리 잡았다. 나는 아직도 첫사랑은 누구에게도 이야기하지 말아야 되는 것으로 믿고 있다.

나뿐만 아니라, 아마 1학년 2반 출신 모두가 지금 그렇게 믿고 있을 것이다. 선생님께서 우리에게 도장 같은 사랑과 믿음을 주신 까닭이다. 아아, 사랑은 진리를 초월한다.

황의헌 선생님, 보고 싶습니다.

사랑의 기도

새벽이 땅을 짚고 푸른 몸을 일으키지만
새벽은 땅을 모릅니다.
새벽이 땅을 모를지라도 땅은 새벽을 알아
풀잎 맺은 이슬마다 별 하나씩 들어내어
고이 저 하늘로 돌려보냅니다.
저희가 날마다 잠깨어 그 모습을 보게 하소서.
작은 풀잎도, 길가의 돌멩이도 저마다
사랑하고 이별하는 것을
저희가 알게 하소서.

새벽이 일어서면 새들도 따라 일어나
지저귀고 노래하며 사연들을 펼칩니다.
잘 잤니? 밥 먹자. 보고 싶어. 놀러가자.

지지배배 찌우찌우 꾸루꾸루 호록호록
저희가 그들의 사연을 모를지라도
같은 세상에 같은 생명으로 함께 살아감을
저희가 늘 기억하게 하소서.

새벽이 깨면 강물도 깨어납니다.
강물은
허연 물안개를 피워 올려 구름이 되고
바람이 되고 비가 됩니다.
갯버들을 살찌우고 언덕으로, 들녘으로
초록이 빛을 뿜도록 아낌없이 젖을 흘립니다.
아직 빛이 되지 못한 물속에는 물고기가 놀고
아이들은 모래성을 쌓으러 강가로 옵니다.
이 모든 것이 축복임을 알게 하소서.
은혜임을 알게 하소서.
이 세계의 사랑임을 알게 하소서.
이 축복과 은혜와 사랑 앞에 저희가
언제나 감사하며 살게 하소서.

그리고 서로 사랑하게 하소서.
저희의 뿌리가 미움이 아니고
원망과 시기가 아니며
슬픔과 고통이 아니고
본래 한 점 때 없는 허공임을 알아
저희의 삶이 낱낱이 완성되어 있음을
너와 나, 모두가 깨닫게 하소서.

동쪽에는 동쪽의 꽃이 피고
서쪽에는 서쪽의 꽃이 피어
파랑, 빨강, 노랑, 하양…,
각각이 달리 보여도
달리 보이는 까닭으로
이 세상이 아름다운 줄 저희는 압니다.
시작도 없고 끝도 없지만
저희 삶의 시작부터 끝까지
이 세계는 사랑이라 불리는
한 송이 꽃입니다.
오오, 놀라워라. 이 세상 모든 존재가

저마다 각각 다른 꽃잎 한 조각을
힘들이지 않고 피우고 있다니!

3
생각을 바꿔봐

생각은 말로 나타나며
말은 행동으로 나타나며
행동은 습관으로 발전하며
습관은 성격으로 자리 잡는다.
그러므로 생각과 그 가는 길을
조심스럽게 살펴보라.
그리하여 생각이 사랑에서 솟아나고
만물에 대한 자비에서 생겨나도록 하라.
그림자가 몸을 따라가듯
생각하는 바대로 우리는 그렇게 된다.
　　　　　　　　　　　　　　　—법구경

매미보살 빨래보살

밝은 빛의 세계로 인도하는 스승을 불교에서는 '보살'이라고 호칭합니다. 제 삶을 지탱시켜준 두 분의 보살을 소개하려 합니다. 이 이야기를 통하여 저는 여기 단원의 명제인 생각 바꾸기와 관련한 몇 가지 실천조건을 제시할 것입니다. 그것은 삶을 성공으로 이끄는 방법이자, 궁극적 존재와 만나는 길이 되리라 가늠합니다.

14살 중1, 여름방학 때의 일입니다. 유달리 강을 좋아했던 저는 거의 하루도 거르지 않고 강가를 거닐었지요. 무심히 흐르는 물이 마냥 좋고, 늘 새롭게 변화하는 강가의 풍치를 탐색하는 일이 무작정 즐거웠던 것입니다.

강변을 어지럽힌 물새의 발자국, 숭숭 뚫린 조개구멍, 모래언덕이 무너져 내려 철벅 물속으로 빠지는 소리, 매

번 바뀌는 모래톱의 문양, 상류에서 떠내려 온 쓰레기 더미⋯, 이 모든 것들이 저를 들뜨게 만드는 탐색의 대상이었지요.

그날은 뙤약볕이 쏟아지는 오후 내내 강변을 따라 걷느라 온몸이 땀에 흠뻑 젖어 있었고, 출발지로부터 너무 멀리 와버려서 제가 어디쯤 있는지도 몰랐지요. 좀 쉬고 싶다는 생각을 하는 찰나, 기적같이 눈앞에 일군의 미루나무 숲이 펼쳐져 있었습니다. 언뜻 보기에도 그 곳은 무척 시원해보였고 숲은 더위에 지쳐있던 저를 그물인 양 끌어당겼지요.

숲에 첫발을 내딛는 순간, 무엇보다도 먼저 차가운 모래가 오랜 시간 뜨거운 모래에 달궈진 제 발바닥을 시원하게 식혀 주었습니다. 참, 기분이 좋았지요. 저는 숲의 중심부로 들어갔고, 굵은 미루나무에 등을 기대어서서 고개를 쳐들어보았지요. 나뭇잎 사이로 간간이 쏟아지는 햇살, 상큼한 공기, 산들거리는 바람⋯, 그리고 매미가 울었습니다. 아닙니다. '울었다'는 표현은 적절하지 않을 것 같네요.

"맴맴맴맴⋯매에엠⋯⋯."

백 마리, 아니 수천 마리도 넘을 듯 귀가 쨍쨍하게 쩌렁
쩌렁 울리는 매미의 합창은 숲 전체를 통째로 삼킬 만치
기세가 당찼습니다. 그래서 우는 게 아니라 호령한다고
봄이 옳을 것 같습니다. 아닌 게 아니라, 호령하는 매미
의 합창은 숲속의 모든 것을 압도하였고 압도당하기는
저 역시 마찬가지였습니다.

미루나무 둥치에 기대어선 저는 그 자리에서 꼼짝도 할
수 없었습니다. 순식간에 일어난 일이었지요. 매미소리
가 저의 모든 것을 앗아가 버렸습니다. 어떤 사념, 어떤
판단, 어떤 의지도 저에게 일어나지 않았습니다. 저의
모든 것이 멈추었습니다. 제가 없어진 것이지요.

"맴맴맴…, 매엠……."

오직 매미소리 뿐, 제 몸뚱이, 제 생각…, 저를 둘러싼
온 세상이 감쪽같이 사라져버렸습니다. 저는 미루나무에
기대어선 그 상태로 세 시간도 넘게 꼼짝하지 않았습니
다.

숲에 저녁 어둠살이 찾아들어서야 저는 마치 깊은 잠에
서 깨듯 기지개를 켰습니다. 먼 별나라를 다녀온 기분이
랄까, 저는 세 시간 동안 궁극의 평온함 속에 있었습니

다. 어떤 언어로도 나타낼 수 없는 느낌이었지요.

그 세 시간의 체험은 제 삶의 강렬한 그리움으로 자리 잡았습니다. 커가면서 세상의 어떤 행위도 그때만큼 만족감을 주는 것은 없었습니다. 저의 성장은 14살 그때 그 순간에 멈춰서 버렸는지, 저는 경쟁이 싫었고, 주위에서 바라는 다른 꿈을 좇을 생각이 없었습니다.

겉으로 바라는 유일한 꿈이 있었다면 숲속에 움막을 짓고 사냥하며 살아가는 원시적 삶으로 돌아가는 것이었지요. 실제로 사는 동안 저는 여러 번 그런 생활을 하며 남들에게 손가락질을 받곤 하였습니다.

그런데 어찌된 영문인지 무엇을 해도 그때의 평온함은 찾을 수가 없었습니다. 나이가 들수록 저의 정신은 피폐해졌고 살아갈 이유조차 모르고 방황할 때 나를 붙들어 준 것은 여전히 매미보살의 추억이었지요. 그때 그 느낌을 현실로 돌려놓을 수만 있다면 저의 삶이 윤택해질 것 같았습니다. 그것이 희망이 되어 저를 살게 하였지요.

거기에 다가갈 방법을 찾으려고 팔공산에서 움막생활을 하던 저는 선승(禪僧)이었던 도운스님의 인도 덕분에 동화사로 출가를 하였습니다. 사원에는 마음을 평온한 경지로 인도하는 참선이라는 훌륭한 제도가 마련되어 있었지요. 실제로 저는 참선을 통하여 14살의 경지로 돌아간 듯, 비슷한 체험을 수없이 하였습니다. 하지만 늘 완전하지 못했답니다.

그러던 어느 날 오후, 저는 제 방에서 참선 중이었습니다. '밥 먹고, 잠자고, 지각하는 이 물건이 무엇인고?'를 한 마디로 줄인 '이뭐꼬?' 화두를 쥐고 있었지요. 제 방 앞에는 물이 흐르는 수곽이 있었습니다. 조용한 새벽 시간에는 물 흐르는 소리가 졸졸 제 방까지 타고 흘렀지요. 그런데 제가 참선하는 그 시간에 후원 빨래를 전담하는 빨래보살이 수곽 옆에 빨래를 하러 나왔나 봅니다.
  제가 방에서 '이뭐꼬? 이뭐꼬?…' 하는 중에 불현듯이,
  "탕, 탕, 탕, 탕!"
  빨래보살의 빨래 방망이질 소리가 내 방문을 뚫고 들어와 내 마음을 벼락같이 탁! 후려쳤습니다. 저는 두 눈을 번쩍 떴습니다. '이뭐꼬?'란 말머리가 빛살처럼 흩어지

는 게 눈에 보였습니다. 대신 빨래보살의 '탕탕' 방망이질 소리가 어찌나 명명(明明)한지 제가 '탕탕'이고 '탕탕'이 저였습니다.

제 눈을 덧씌웠던 장막이 확 걷혔습니다. 저는 늘 보고 있었고, 늘 듣고 있었던 것입니다. 그런데 늘 순간을 놓치며 살았던 것이지요. 저는 허탈하게 웃었고 동시에 14살, 미루나무 숲의 평온함 속으로 들어갈 수 있었습니다.

그 평온함이 언제나 제 곁에 있었는데 다만 그 순간까지 알아차리지 못했던 것이지요. 20년 바보짓에 스스로 웃지 않을 자가 어디 있겠습니까? 저는 빨래보살에게 스승의 예로서 삼배를 올렸습니다. 이때의 심경을 저는 다음과 같이 노래하였지요.

물가에 빨래보살 방망이질 소리
쾅
내 귀에 폭탄 터졌습니다.
이뭐꼬 갈래갈래
허공중에 꽃이 되고

앓고 헤맨 이 사람
앓고 헤맨 이 사람이었습니다.
고요 가운데 스스로 드러남이여
이래서 옛사람 적멸(寂滅)이라
하였구나.

해인(海印)은 내 소굴
화엄(華嚴)은 나의 칼
조주의 무(無)는 문 안의 일이고
임제의 할(喝)은 문 밖의 일이로다
안팎이 따로 없으나 차별을 내니
내사 인자 삼수갑산 갈 지라도
님 하고만 살련다.
울고 웃으며
님 노래만 부르련다.
호호 탕탕

매미보살이 없었다면 저는 도 닦을 엄두를 내지 못했을
것입니다. 물론 도중에 다른 인연들이 더러 있었지만 매미보살이 제 삶의 축이 된 것은 분명합니다. 14살의 평온했던 경험은 생각이라는 씨앗 형태로 제 삶의 깊숙한 곳에 머물려 있었고, 마치 거친 비바람을 견디는 벼랑 끝의 솔처럼 좌충우돌 자라다가 빨래보살을 만나 열매의 형태로 전환되었습니다.

제가 이 말을 부기하는 까닭은 우리가 마음이라는 밭에 생각을 바르게 심는 행위가 어렵다는 점과, 그리고 생각을 올바른 방향으로 변화시키는 일이 힘들다는 사실을 전하기 위해서입니다.

먼저 생각이라는 씨앗을 뿌리는 순간에 동반되어야할 한 가지는 제 1장에서 얘기한 순수한 믿음일 것입니다. 제가 매미보살의 합창이라는 흐름을 따르지 않았다면 평온했던 경험을 어떻게 제 가슴에 심어놓을 수 있었겠습니까? 이것저것 따지지 않아 저절로 심어진 것이지요. 옥토에 뿌려진 씨앗이란 이리저리 헤아림이 없이 곧바로 일으킨 생각을 말합니다.

그렇게 순수한 믿음으로 심어진 씨앗은 심는 순간 수확을 보장받은 거와 같습니다. 조건에 따라 결과가 나타나는 시기가 다를 뿐이지요. 조건이란 본인의 태도를 말합니다. 현재 본인의 태도가 선한 방향으로 흐른다면 과거에 심었던 선한 씨앗의 열매를 수확해 기쁨을 누릴 것이고, 악한 방향으로 흐르고 있다면 과거에 심은 악한 씨앗이 열매를 맺어 고통을 받게 되겠지요.

그래서 우리는 항상 선한 의도로 생활해야 하며, 거기에는 생각의 전환이란 기술이 필요합니다. 그러나 우리는 누구나 자기집착이라는 한계에 묶여 있는 탓으로 늘 선한 의도로 행동하는 것이 쉽지 않습니다.

자기 생각을 쉽게 바꾸지 못한다는 말이지요. 물론 의도적으로 생각을 바꾸려 할 수는 있습니다만 그렇게 바꾼 생각이 실하게 뿌리내리기란 역시 어려운 일이지요.

그래서 생각의 전환점이 될 수 있는 어떤 계기가 필요한 것이지요. 계기를 마련하는 것이 바로 기술입니다. 자기 내면의 소리에 귀 기울일 때 그 계기는 빨리 찾아옵니다. 앞으로 이 단원에 펼쳐질 이야기들 속에서 그 실례를 보게 될 것입니다.

다시 말하면, 본인의 꾸준한 노력에 조력자의 손길이 닿아야 된다는 말이지요. 물론 무슨 일을 선택하든 노력하는 자에게 도움의 손길이 뻗치는 것은 당연한 법칙입니다. 문제는 우리가 그 사실을 모르고 일찍 포기해 버리는 점이지요.

불가(佛家)에는 오랫동안 줄탁동시(啐啄同時)란 말이 전해져 옵니다. 달걀 속에서 껍질을 쪼며 밖으로 나오려는 병아리의 노력을 줄(啐)이라 하고, 21일째 새끼의 노력을 간파한 어미가 밖에서 껍질을 쪼아주는 것을 탁(啄)이라 하여, 그 행위가 동시에 이루어짐을 말하는데, 제자의 꾸준한 노력에 때맞춰 스승이 핵심을 건드려 제자로 하여금 깨달음에 이르게 함을 뜻하는 것입니다.

여기서 필수적인 요소는 제자의 노력과 스승의 관찰입니다. 새 생명의 탄생에는 고통이 따르기 마련입니다. 달걀 속에서 병아리의 필사적인 노력이 없으면 어미닭은 새끼를 포기해 버립니다. 제자를 둔 스승도 마찬가지입니다. 어미닭과 스승의 공통점은 '늘 보고 있다'는 것입니다.

그리고 제 경험은 말합니다. 당신이 스승의 실체를 정해 두지 않아도, 이 세계가 스승이 되어 당신을 지켜보고 있다는 것을 말입니다. 당신의 노력이 멈추면 이 세계가 당신을 버린다는 사실을 명심하십시오.

생각은 생명입니다. 생각을 바꾸는 행위는 새 생명이
태어나는 것과 같습니다. 고통이 따르는 것은 당연한 일
입니다. 노력을 멈추지 마십시오. 매미보살, 빨래보살
같은 스승이 도처에서 나타나 당신에게 새 생명을 선물
할 것입니다.

내 이름은 상락화

경북 청도에는 감물염색을 생업으로 하는 집이 몇몇 있습니다. 예로부터 감이 많이 나는 고장이니까요. 물론 감 농사를 짓는 집에 비하면 염색하는 집은 그 숫자가 손에 꼽을 정도로 적지요. 자연염색이 주목을 받은 지가 오래되지 않았으니까요.

제 제자 중의 한 여인도 저와 만날 당시 감물염색을 하며 살았습니다. 그때가 2002년도니까 이제 10년이 돼가죠. 그 당시 저는 청도읍내 대웅사의 주지 소임을 맡으며 불교대학을 운영하였지요. 지역에서 처음 문을 연 불교대학이라 호응이 뜨거웠습니다.

좁은 지역 특성으로 인해, 저는 자연스럽게 학생들의 집안 사정을 속속들이 알게 되었지요. 특히 감물염색을 하는 여인은 대웅사의 오랜 신도이기도 해서 집안 내력까지 저는 다 알고 있었습니다.

당시 여인은 병석에 누운 시어머니를 봉양하며 고등학생인 두 아들, 공공근무를 하는 남편과 살고 있었지요. 여인에 대한 남편의 사랑은 지극하였지만 벌이가 신통찮아 여인 혼자 힘으로 살림을 도맡아 꾸려가고 있었지요.

교육비며, 시어머니 약값이며, 들어가는 생활비는 만만찮은데 여인이 하는 감물염색은 수요가 적어 늘 쪼들릴 수밖에 없었습니다. 게다가 염색일은 얼마나 힘이 듭니까? 물에 젖은 천을 건지고 말려 걷는 일을 되풀이하다 보면 절로 녹초가 되죠.

설상가상으로 여인의 몸은 허약하여 늘 힘든 기색이 역력했습니다. 그래도 자기가 진 짐에 비하면 여인의 표정은 밝은 편이었죠. 어쨌든 주위 사람들과 잘 어울렸고 불교공부에도 열성적이었으니까요. 불교공부가 뭡니까? 마음을 편하게 만드는 방법을 익히는 것이죠. 그런 중에 여인은 불교대학 졸업과 함께 인생의 전환기를 맞이하게 됩니다.

불교에는 전통적으로 수계(受戒)라는 의식이 있습니다. 석가모니부처님 재세 시부터 행해졌던 것으로서 스스로 좋은 습관을 지닐 것을 맹세하고 또, 그 맹세를 스승 앞에서 다짐받는 의식이죠.

또한 부처님의 제자가 되는 통과의례이기도 합니다. 이 행위는 어떤 의미에서 한 사람의 삶이 전환될 수 있는 기회가 되기도 하지요. 제 경우만 하더라도 이 수계를 통하여 평생 수도승으로 살아가고 있으니까요.

그렇듯 저희 불교대학에서는 졸업식이 있던 날, 수계의식이 치러졌습니다. 좋은 습관의 실천을 다짐하는 징표로서 팔뚝에 초의 심지를 놓아 태우는 연비(燃臂)와, 새로 태어난다는 의미로 새 이름인 법명(法名)을 받게 되는데, 저는 여인에게 상락화(常樂華)라는 이름을 지어 주었지요. '늘 즐거움으로 빛나는 존재가 되라'는 의미이지요.

졸업생 전원이 각자의 법명을 받았는데, 법명을 받고 가장 기뻐한 사람은 상락화였습니다. 계첩을 받아들고 피어난 입가의 미소는 이후로 쭉 이어졌습니다. 즐거워하면 분명 즐거운 일이 생겨난다는 이름에 대한 저의 설명을 듣고 잘 따랐지요. 그리고 여인은 다른 사람 앞에서 공공연히 자신의 이름은 '상락화'라며 자랑까지 하였답니다.

그녀의 삶이 어떻게 변화되었는지 아세요? 감물염색이 군청 지원 사업으로 선정되어 상락화는 새 공방을 지었지요. 날로 거래처가 불어나 남편이 종일 매여 손을 보태어도 눈코 뜰 새 없이 바빠졌지요. 수입이 흡족해진 건 두말할 것 없고, 아들 둘은 무탈하게 스스로 원하는 길을 가며 효자노릇을 하지요. 요즘 상락화는 마냥 삶이 즐겁다는 소식을 저에게 보냅니다.

이름 때문에 그렇게 되었을까요? 아닙니다. 그녀는 자신의 삶속에 현재의 모습을 갖출 능력을 이미 갖고 있었습니다. 다만 예전에 표출하지 못했던 즐거움이라는 긍정적인 태도가 그녀의 성공을 앞당긴 것이지요. 이름은 그 태도를 끄집어내는 촉매제 역할을 했을 뿐입니다. 물론 이름을 받기 전 그녀의 노력이 선행되었지요.

우리가 여기서 유추할 수 있는 사실 한 가지는 노력만으로는 성공을 보장받을 수 없다는 점입니다. 노력은 뼈빠지게 하고 기분은 늘 우울한 상태로 있다면 성공하기란 불가능하지요. 그런 사람들은 대개 운이 없다는 핑계를 대며 스스로 더욱 운이 없도록 만들고 있다는 사실을 모르고 있지요.

그래서 운은 악운이든, 호운이든, 저절로 생겨나는 것이 아니고 스스로 만드는 것이 됩니다. 무엇으로? 바로 자신의 태도로써 말입니다. 태도를 바꾸기 위해 우선 생각이 바뀌지 않으면 안 됩니다. 전편에서도 언급하였지만 생각을 바꾸는 것은 새 생명이 탄생하듯 힘든 일입니다. 그래서 여인이 '상락화'란 이름을 받는 것과 같은 어떤 계기가 필요하다고 하였지요.

이 세계의 질서를 터득한 사람은 언제든지 스스로 생각을 올바른 방향으로 바꾸는 계기를 만들어낼 수 있습니다. 그 쪽에 당신이 속하지 않는다면 조력의 손길을 맞이할 준비를 해야 됩니다.

자신이 즐겨하는 일을 선택하기, 마주치는 대상을 소중하게 대하기, 남에게 이익주기, 바르게 노력하기…, 등이 그 준비사항들이지요. 그런 당신을 이 세계는 항상 지켜보고 있지요. 그리고 언제든지 당신을 도울 태세를 갖추고 있습니다.

저는 어제 방송에서 영국의 한 의류회사 매니저가 자기 회사의 제품에 대해 이렇게 말하는 것을 들었습니다.

"최고라고 말할 수 없지만 최고라는 믿음을 가지고 있습니다."

겸손하면서도 자신감이 넘치는 좋은 태도지요. 저는 지금 성공한 상락화에게 그 점을 바라고 싶습니다. 최고를 향한 신중한 노력을 멈추지 말고, 시시때때 예전처럼 말할 수 있기를 바랍니다.

"내 이름은 상락화(常樂華)!"

끝나지 않은 청소

한때 제가 머물던 사원의 산신각을 매일 청소하는 할머니 한 분이 계셨습니다. 산신각은 한 산의 모든 기운을 관장하며 인간에게 길흉화복을 내릴 수 있는 힘을 지닌 산왕대신을 모신 집입니다.

할머니에게 어떤 바람이 있었는지 알 수 없지만 할머니께선 비가 오나 눈이 오나 하루도 빠짐없이 산을 오르고 내리며 산신각 청소를 거른 적이 없었습니다. 그 덕분에 산신각은 절의 본당인 법당보다 바닥이 더 반짝거렸지요.

저는 거의 매일 그 할머니와 마주쳐 합장인사를 나누었습니다. 늘 기도가 끝난 오후 시간이었지요. 하루는 제가 청소를 하고 있는 할머니의 등 뒤를 물끄러미 바라보고 서 있었습니다. 왠지 그 할머니가 측은하다는 생각이 자꾸 들었던 것이지요. 그때 할머니가 내 기척을 느꼈는지 뒤를 돌아보며 나를 알아보고 대뜸 물었습니다.

"스님, 제가 복을 받겠습니까?"

그 물음은 사실이 '지금 청소를 하는 것이 공덕이 얼마큼 되느냐?'는 말과 같은 것이었죠. 저는 곧바로 바른 대답을 드렸습니다.

"천년만년 동안 청소해도 한 생각 돌리지 못하면 복을 받을 수 없습니다."

그 말끝에 할머니는 엄청 충격을 받았는지 한동안 걸레질을 멈추고 멍하니 앉아 있었습니다. 그리고 제게 다시 물었지요.

"스님, 제가 어떻게 해야 합니까?"

저는 할머니가 제 말을 알아들었다고 판단하였지요. 잘하면 올바른 제자를 하나 건지겠다 싶어,

"하시던 걸 계속 하십시오."

하고 말하며 냉큼 제 방으로 돌아와 버렸습니다.

다음날, 할머니가 음료수를 사들고 제 방으로 직접 찾아왔습니다. 얼굴엔 뭔가 고심한 흔적이 묻어 있었지요.

"스님, 제가 어제 스님이 하신 말씀처럼 생각 하나를 바꾸지 못해 지금 고통 속에 살고 있습니다."

할머니는 그렇게 말을 시작하며 자신의 사연을 얘기해 주었습니다.

기계부품 공장을 경영하던 남편이 5년 전에 공장을 정리하고 농장을 차린다며 시골로 내려갔는데 자기는 시골 생활이 싫어 도시에 남았답니다. 남편은 1년에 한 번 모습을 비출까 말까 하였고, 그나마 올 때마다 농장운영이 어렵다는 핑계로 모아둔 재산을 전부 끌어가고 현재는 3층 집 한 채만 남아있는 상태라나요.

그거야 얼마든지 참을 수 있었는데, 얼마 전에 할머니 자신이 남편이 사는 시골로 불시에 내려갔는데 글쎄, 20년 전부터 남편의 공장에서 경리로 있던, 할머니 자신도 잘 아는 아가씨와 버젓이 살림을 차리고 살더라는 거죠. 그때부터 할머니 속은 뒤집혀졌고 배신감과 분노에 휩싸여 밤잠을 못 이룬다고 합니다. 요행히 산신각 청소를 할 때엔 그 마음이 잊어져 매일 청소를 한다는 것이었죠.

"스님, 죽이고 싶도록 남편이 밉습니다. 이 마음을 돌릴 수 없으니 어떻게 해야 되겠습니까?"

할머니는 제 앞에서 눈물을 뚝뚝 흘렸습니다. 이야기를 듣고 난 저는 난감하였지요. 말 한 마디로 치유하기에 할머니의 상처는 너무 깊어 보였습니다. 이런 경우, 세계의 질서를 이해하기 위해 꾸준히 노력한 사람이라면 단 하나의 동작만 보여줘도 아픔을 치유 받을 수 있습니다만 저의 판단에 할머니의 마음을 변화시키는 데에는 몇 단계의 과정이 필요할 것 같았지요. 그래서 저는 할머니의 다짐을 받고 우선 필요한 한 가지만 제시하기로 작정하였습니다.

"보살님, 제 말을 따르기만 하면 편해질 수 있는데, 그렇게 하시겠습니까?"

"예, 스님. 그렇게 하겠습니다."

할머니가 다짐하자 제가 다시 말하였지요. 참, 제가 방금 할머니께 보살님이라는 말을 썼는데, 깨달음 직전에 와 있는 존재를 가리키는 말이지만 일반적으로 절에서 여자 신도를 호칭할 때 사용하는 것으로 알면 됩니다. 제 말은 이랬습니다.

"제가 보살님께 수수께끼 세 가지를 낼 겁니다. 이 세

가지를 모두 맞히면 만사태평이 됩니다. 오늘은 한 가지 문제를 내겠습니다. 이 한 가지를 맞혀야 다음 문제를 받을 수 있습니다. 할 수 있겠지요?"

"예."

할머니의 눈빛이 즐겁게 반짝거렸습니다. 제가 첫 번째 문제를 냈지요.

"산신각에 계신 산신할배가 가장 좋아하는 것은 무엇입니까? 힌트는 산신님의 눈동자를 보면 알 수 있습니다. 아마 자나 깨나 생각해야 될 겁니다. 정답을 알기 전에는 저를 찾지 마십시오."

할머니는 문제를 받아들고 돌아갔지요. 저의 의도는 두 가지였습니다. 할머니가 그걸 풀면 자신의 원을 이루는 게 분명한 한 가지와, 죽자 살자 문제를 푸는 노력만 해도 현재의 처지를 망각하게 되는 한 가지가 그것이었죠. 과연 할머니는 문제를 풀었을까요?

그로부터 1년 뒤, 저는 그 사원을 떠나게 되었고 유감스럽게도 그때까지 할머니는 제게 정답을 가져오지 못했습니다. 그 동안 몇 가지 답을 꺼내놓긴 했지만 전부 빗

나간 대답들이었지요. 하지만 할머니의 마음은 스스로 놀랄 만큼 편해졌습니다. 문제에 집중하는 동안 저절로 남편에 대한 미움이 사그라진 것이었지요. 정답을 내놓진 못했지만 할머니는 저에게 여러 번 감사의 인사를 전하러 들렀었습니다.

떠나기 며칠 전, 저는 할머니를 불러 정답과 유사한 말을 들려주었습니다.

"보살님, 자기를 사랑하십시오. 미움을 가지는 것은 스스로 자기 배에 칼을 꽂아놓고 사는 것과 같습니다. 자기를 사랑하는 태도가 전혀 아닌 것이지요. 뿌리를 뽑지 않으면 잡초는 다시 자라나지요. 미움도 마찬가집니다. 진정 자신을 사랑한다면 그 뿌리까지 뽑아내십시오. 새로운 눈이 열려야 됩니다."

어쩌면 이 글을 읽는 독자 여러분도 못내 정답이 궁금할 수 있겠지요. 죄송하지만 이 세상에 할머니와 같은 상처를 가진 분들을 위해 정답을 비밀로 남겨둬야 할 것 같습니다.

'산신령님은 무엇을 가장 좋아할까?' 우리나라의 웬만한 사원에는 산신각이 전부 있습니다. 거기에 가면 호랑이 곁에 동자와 시녀를 거느린 산신령님을 만날 수 있지요. 채색 고운 탱화로 그려져 있죠. 거기에 인자하고 그윽한 산신님의 눈빛을 바라보십시오. 정답은 그 속에 들어 있습니다.

처음 할머니의 고백을 들었을 때, 저는 세 단계로 나눠 순차적으로 할머니를 인도할 작정이었지요. 첫째 - 자기를 이해하기, 둘째 - 상대를 이해하기, 셋째 - 세계를 이해하기가 그 단계입니다. 그래서 수수께끼도 그에 맞춰 세 가지를 내려고 하였고요. 그런데 아쉽게도 첫 단계도 제대로 해내지 못하고 떠나는 저의 심정은 무척 아팠습니다.

그러고 난 뒤, 10년이란 세월이 흘렀습니다. 그 동안 저는 수행에 전념하느라 할머니를 한 번도 보지 못했지요. 어쩌다가 한 번씩 할머니를 생각하면 마음 한 구석이 짠했지요.

그런데 얼마 전에 웬 낯선 남자 한 명과 여자 둘이 저를 찾아와 다짜고짜로 할머니를 들먹이며 할머니가 제게 오지 않았냐? 고 물었습니다.

저는 깜짝 놀랐지요. 뭔가 황급한 일이 있는 게 분명했습니다. 그들은 다름 아닌 할머니의 자녀들이었습니다. 저는 자초지종을 들어보았지요.

그 동안 할머니는 자식들에게 늘 제 말을 하며 살았답니다. 스님에게 물질적인 도움을 드려야 하는데, 그 형편이 못 돼서 스님을 찾을 수 없다며 늘 미안해하였다고 합니다.

그래서 사는 집을 팔아서라도 스님께 도움을 드리려고 했는데, 그 집을 남편이 몰래 저당 잡혀 집은 은행에 넘어갔고, 할머니는 그 충격에 집을 나가버렸다고 합니다. 지금 집 나간 지 1주일이 넘었는데, 어머니의 행방을 찾지 못한 자식들은 수소문 끝에 겨우 저를 찾게 되었다는 거였지요.

저는 참으로 슬펐습니다. 모든 것이 제 잘못인 것같이 느껴졌지요. 결과로 볼 때 할머니는 자신의 생각을 바꾸는데 실패한 것이 분명합니다. 남편을 이해하고 남편을 사랑하는 경지까지 가도록 제가 인도했어야 했던 것입니다.

이 세계는 자기를 이해하는 것만으로는 상대와 조화를

이루는데 어려움을 주기 마련입니다. 생각이 올바른 방향으로 나아가기가 그토록 힘든 것입니다.

지친 마음에 활력을 주는 일, 오염된 마음을 정화시키는 일들이 각자의 몫이긴 하지만 이럴 경우, 도움을 줘야 하는 저는 많이 흔들립니다. 아무도 모르게 숨어 지내고픈 마음이 간절해지죠.

저는 할머니의 자녀들과 얘기 도중에 문득 스치는 생각이 있어, 자녀들에게 예전의 그 사원에 가봤는지 물어보았습니다. 그랬더니 어제 아침에 그 사원의 종무소를 찾아가 물어봤는데 종무소 직원이 할머니를 모른다고 말했다 합니다.

다시 제가 산신각 청소이야기를 하자 자녀들은 그 사실은 처음 듣는다고 했습니다. 할머니는 항상 오후 2시경에 산신각을 찾았으니까, 그 시각에 맞춰 가보라고 저는 자녀들에게 일러 줬지요.

다음 날, 할머니의 아들이 제게 전화를 했습니다. 스님 덕분에 어머니를 찾게 되어 고맙다면서…. 산신각에서 청소를 하고 계신 어머니를 집으로 모셔왔다고 전해 주었습니다.

할머니의 청소는 언제 끝날까요? 저는 서글픈 마음을
삭이느라 냉수 한 사발을 숨도 안 쉬고 다 마셨습니다.

서 판사에게 보내는 편지

　서 판사는 여자의 몸으로 사법연수원을 최고 성적으로 이수한 재원입니다. 외모 또한 출중하여 어떤 남자라도 보면 또 보고 싶어 눈길을 딴 데로 돌릴 재간이 없게 되죠.

　그런 서 판사가 사법연수원 동기생과 사랑에 빠졌습니다. 그 동기 또한 법조계에서 장래가 촉망되는 젊은이였죠. 그야말로 선남선녀의 결합이니 누구라도 둘의 인연을 축복하지 않겠습니까?

　그런데 현실은 야속하게도 그렇지 못했습니다. 혼담이 오가자 바로 문제가 불거졌습니다. '말 타면 견마 잡히고 싶다' 는 속담처럼 남자 쪽의 부모는 열쇠 3개를 가지고 오는 며느리를 원하였지요. 열쇠 3개가 뭐겠어요? 아파트 열쇠, 자가용 열쇠, 사무실 열쇠로서 지참금 20억

원 이상을 들고 오라는 말과 같지요.

서 판사의 상식으로는 바늘만큼도 납득하기 어려운 요구였고, 설사 억지로 그 현실을 납득하여 수용한다고 해도 서 판사 집안 형편으로는 이행하기가 불가능한 것이었습니다. 서 판사의 부모님인들 그렇게 딸을 잘 키워놨는데 이런 얄궂은 일이 생기리라고 상상이나 했겠습니까?

결국 남자 쪽 부모의 생각을 한 치도 물릴 수 없어, 혼담은 깨지고 말았습니다. 그런 중에 서 판사를 절망에 빠뜨린 것은 자기 부모 편에 선 남자의 태도였지요. 무조건 자기 부모님의 뜻을 따른다는 말을 전한 것입니다. 뒤로 젖혀지는 사랑이 어디 있을까마는 그 남자에게 사랑은 뒤로 젖혀진 게 분명했지요.

문제가 거기까지라면 저는 이 이야기를 시작하지 않았습니다. 그런 와중에 서 판사의 뱃속에는 아기가 자라나고 있었던 것입니다. 서 판사 본인을 빼고는 누구에게도 환영받지 못할 생명이었던 셈이지요. 실제로 그 사실을 안 남자, 남자 쪽의 부모, 서 판사의 부모님까지 아기를 포기하라고 강권하였습니다.

하지만 서 판사는 평생 미혼모로 살아도 좋다면서 아기를 낳겠다는 결정을 내렸지요. 이때 서 판사의 어머니가 저를 찾아왔습니다. 답답한 심정이 오죽했겠습니까? 딸 가진 부모라면 누구라도 그런 결정을 내린 딸을 반길 리가 없지요.

"스님, 제발 우리 딸의 생각을 돌리게 해 주십시오."

저는 그 요청을 들어주지 않았습니다. 오히려 저는 서 판사의 편이 되어 서 판사의 어머니를 설득하였습니다.

"보살님, 건강한 여자가 아기를 가지는 것은 당연한 일입니다. 아기를 가졌으면 낳게 되는 것도 우주의 섭리지요. 생명이 태어나는 것은 자연입니다.

자연을 거스르는 사람을 이 세계의 법은 그냥 두지 않습니다. 그에 합당한 재앙을 내리지요. 반면에 자연을 따르는 사람에겐 복을 내리지요. 따님은 바른 결정을 한 겁니다. 보살님은 딸이 재앙을 받길 원하시나요? 아니면 복을 받기를 원하시나요?"

또 저는 덧붙여 말했습니다.

"인간이 자기 나름의 조건을 내세워 세상을 어떻게 해보겠다는 생각은 전부 이기심입니다. 이기심은 남을 괴롭히지요. 그러니까 이기심이 생겨나기 이전에 이 세계가 지금 자신에게 무엇을 주고 있는지 마음의 귀를 주의 깊게 기울여야 합니다. 따님에게 생명을 준 것은 낳으라는 뜻입니다. 나중의 일은 생각할 필요가 없습니다. 이 세계의 법은, 나중 일은 그때 가서 또, 그 상황에 맞게 맞추어 주게 돼 있는 것입니다. 아예 마음을 편히 가지십시오."

서 판사의 어머니는 저의 말을 수긍하고 편안한 마음이 되어 돌아갔지요. 보통 사람이라면 그 상황에서 제 말 하나만 듣고 생각의 방향을 급선회하기가 어려웠을 것입니다. 외려 저의 따귀를 때렸을 수도 있죠.

하지만 서 판사의 어머니는 평소 믿음이 맑고 진리에 대한 안목이 뛰어나신 분이셨습니다. 손만 흔들어도 제가 무슨 말을 하는 지 바로 알아듣는 분이셨지요. 그래서 저는 늘 서 판사의 어머니를 진리의 길을 함께 걸어가는 도반으로 생각하고 있었습니다.

그리고 저는 삶의 어려운 고비를 지나는 서 판사에게 힘을 주고 싶었습니다. 그래서 서 판사에게 보내는 한

통의 편지를 썼습니다.

 서 판사, 보게나. 내가 재미있는 이야기를 하나 해 주겠
네. 많은 생각을 하게 만드는 이야기라네.

 바다 위를 표류하던 육지 원숭이 한 마리가 어느 무인
도에 닿았네. 그 섬은 눈이 한쪽밖에 없는 원숭이들이
모여 사는 곳이었지. 외눈박이 원숭이들이 우르르 몰려
와 뭍에서 온 원숭이를 둘러싸며 말했지.
 "쟤 좀 봐. 병신인가 봐. 눈이 두 개나 있어."
 뭍의 원숭이가 당황하자, 외눈 원숭이들은 더욱 거세게
몰아붙였네.
 "야, 이 병신아. 너 같은 원숭이는 우리와 같이 살 수
없다. 썩 꺼져라. 우리를 봐라. 모두 눈이 한 개 뿐이지
않느냐?"
 그러자 육지 원숭이가 대들었지.
 "아니다. 너희들이 병신이다. 원래 원숭이는 눈이 두 개
있어야 한다. 너희들이야말로 한쪽 눈이 없는 병신이
다."

그러나 떼거리로 덤벼드는 외눈 원숭이들을 어찌 당하겠는가. 외눈 원숭이들은 주먹을 휘두르며 고함을 질렀네.

"저런, 병신이 꼴값을 하는군. 꼴값을 해."

아무도 육지 원숭이의 말을 편들지 않았지. '꺼져라'는 말만 하고 저희들끼리 어울렸네. 오랫동안 누구 하나 상대해 주는 원숭이가 없자, 육지 원숭이에게 남은 건 슬픔뿐이었네. 외로웠지. 그래서 어쨌는지 아는가? 육지 원숭이는 스스로 나뭇가지로 자신의 한쪽 눈을 찔렀네. 이를 본 외눈박이 원숭이들이 말했지.

"이제 됐다. 드디어 너는 병신을 면했다. 이제부터 우리는 동지다. 같이 살아도 된다."

서 판사, 어떤가? 바르지 않은 것이 바른 것을 이기는 세태를 풍자한 이야기라네. 좀 더 정확히 말하면 바른 것이 바르지 않은 것을 이기는 것을 포기한 이야기이지. 결과적으로 보면 바르지 않은 것이 바른 것이 되는 이야기이고 나아가서는 바른 것의 정의를 세울 수 없다는 추론까지 가능케 하는 이야기라네.

실지로 우리 인간은 살아가면서 최선을 선택할 뿐이지 궁극적으로 바른 것이란 없는 것이네. 물론 자네가 다루는 법처럼 어떤 기준은 마련할 수 있겠지. 나는 지금 그런 기준을 무시하고 자네의 이야기를 시작해 보려 하네. 기준에 매이면 눈이 흐려지는 법이거든.

어제 어머니가 나를 찾아와 자네 이야기를 하였네. 그리고 자네의 결정을 바꿀 수 있도록 도와 달라고 하였지. 하지만 나는 거꾸로 자네 어머니를 설득했네. 내가 왜 그랬는지 아는가? 한 마디로 말하면 우리가 사는 이 세계를 존중하기 때문이라네. 그것은 곧 서 판사, 자네를 존중한다는 말과 다르지 않아.

감지하는지 모르지만 이 세계는 완벽한 질서를 갖추고 세워져 있네. 허한 것은 실하게 만들고, 빈 곳은 메워주며, 넘치면 덜어주고, 모자라면 채워주지. 마치 맞추면 온전한 그림이 나타나는 퍼즐과 같지. 작은 조각 하나라도 없다면 퍼즐을 완성시킬 수 없지 않은가.

그래서 이 세계가 개인에게 주는 어떠한 것도 개인은 받아들일 의무가 있네. 왜냐하면 얘기했듯이 꼭 필요한 것이니까…. 그것이 엄청난 고통일지언정 과감히 받아들여야지 그걸 피하려든다면 한 조각을 잃어버린 퍼즐처럼 이 세계에 구멍을 내는 짓이 되고 말지.

아무리 거대하다고 하더라도 이 세계는, 누가 자신의 몸에 구멍을 내도록 그냥 버려두지 않네. 기미를 눈치 채는 즉시 다른 대체상황을 만들어내지. 죽일 건 죽이고 살릴 건 살린다는 얘기야. 세계 자체의 생존 비결이지. 마치 우리가 생존을 위해 우리 몸의 상처를 스스로 치료하는 것처럼 말이다. 개인의 성숙으로 세계가 완성되는 셈인 것이야. 세계는 또 그런 개인을 성숙시키며 서로 싸고 싸인 관계를 유지하고 있지.

그런데 앞에서 이야기한 육지의 두 눈 원숭이는 외로움이라는 고통을 뛰어넘지 못하고 나뭇가지로 한쪽 눈을 찌르고 말았지. 스스로 성숙할 기회를 버린 셈이네. 세계는 그런 존재에게 새로운 길을 보여주지 않네. 무한한 창조력을 지닌 세계의 성질을 위배한 꼴이지 않은가.

상상해 보면, 두 눈 원숭이는 고립이라는 상황 속에서도 얼마든지 자기 세계를 구축하는 길을 낼 수 있었지. 스티븐 호킹 박사나 헬렌 켈러 여사처럼 말이야. 의지와 노력만 있으면 이 세계는 그런 존재를 항상 돕게 되지.

그래서 나는 이 세계를 존중한다고 하였네. 외로움도 감당하라면 감당해야겠지. 다만 이 말에 무조건적인 행동을 취한다면 그것은 눈먼 믿음이 되어 세계는 그런 현상 또한 지워버리지. 조금 무서운 이야기가 되었네만 이 세계가 한 개인에게 전하는 소식에 주의를 기울이지 않으면 안 된다는 의미이지.

그런 맥락에서 자네의 결정은 옳은 것이네. 생명은 자네가 취한 것이 아니고 이 세계가 자네에게 준 것이네. 왜 그런지 아는가? 아까 말했지 않은가. 필요하니까…. 세상에 이유 없이 생기는 일은 하나도 없지. 내가 지금 세세한 과정을 다 말해줄 수 없지만 대략은 말해주겠네. 자네는 스스로 자네의 성장을 위해 생명을 원했고, 그 생명은 앞으로 자네를 성숙시켜줄 것이네. 물론 이 세계는 그런 자네를 도왔고 또, 돕게 되지.

이제 자네가 할 일은 바른 노력이라네. 자신에 대한 지속적인 성찰과, 자신과 다른 것 사이에 놓인 장애물을 제거하는 일을 말하는 것이라네. 시부모가 될 수 있는 상대의 오염된 마음을 정화시키는 몫도 그에 포함될 수 있겠지. 노력 하게.

자네 또한, 어느 순간 무인도에 던져진 육지 원숭이와 같은 상황에 처할 수도 있을게야. 바른 노력은 그런 순간을 뛰어넘는 발판이 될 것일세. 사람은 누구나 시시각각 새로운 생각을 하게 된다네. 그 생각을 잘 살펴 어둡고 부정적인 것은 피할 줄 알아야 하고, 건전한 것은 발전시켜나가야 할 것이네. 그리하여 이 세계가 무인도와 같을지라도 자기 눈을 찌르지 않고 우뚝 설 수 있는 존재가 되길 바라네.

서 판사, 산골 중이 너무 딱딱한 말만 길게 늘어놓았네. 미안하이. 말재주가 모자란 탓일 게야. 이제 부드러운 이야기로써 끝을 맺음세.

어제 내가 말이야. 뒷마당의 콘크리트 바닥에서 뒹굴고 있는 새싹 7개를 주워왔네. 5센티 가량 자라난 것으로 뿌리부터 떡잎까지 전신을 전부 드러내놓고 있었지. 그동안 비가 자주 내린 탓으로 콘크리트 바닥에 떨어졌던 씨앗이 물을 머금고 싹을 틔운 것이지.

나는 하도 신기해서 무슨 식물인 지도 모르고 내 방의 투명 찻잔에 새싹들을 옮겨 물을 부어주었지. 어찌됐는지 아는가? 하룻밤 새 10센티로 자라났네. 놀라운 생명

력이네. 아무래도 나팔꽃 같아. 서 판사, 자네 뱃속의 아
기도 놀랍게 자라날 거야. 축복하겠네. 옥동자를 낳게.

—자네 어머니의 도반인 석호스님이 보냄

철늦게 든 무쟁스님

조계종 스님 중에는 기초생활수급자가 많습니다. 홀몸에다 소유재산이 하나도 없으니 환갑이 넘어가면 자연 그 대상이 될 수밖에 없습니다. 절에 뒷방이라도 차지하고 있으면 다행이지만 그 마저도 여의치 않으면 스님들은 셋방을 구하든지 이곳저곳 떠도는 외, 별 도리가 없습니다.

그래서인지 한참 공부할 시기에 공부는 뒷전이고 노후 준비에 전력투구하는 스님들도 더러 있습니다. 토굴이라도 하나 미리 장만해 놓겠다는 심사로 염불중으로 나서거나 탁발을 해서 돈을 모읍니다.

운이 좋아 말사 주지라도 하면, 도량을 가꾸고 다른 스님들 공부 뒷바라지가 주된 소임임에도 불구하고 간혹 어떤 스님들은 개인 치부에만 열중해 지각 있는 신도들의 빈축을 사기도 합니다.

옛날에는 재주 없는 중이 진짜 중이라 했는데 이제 이 런저런 재주도 없는 중은 어느 곳에 가든 찬밥 신세가 됩니다. 그러다 보니 도 닦으러 왔다가 돈을 닦는다는 말까지 생겨났습니다.

실제로 돈 없는 중은 신도들에게나 스님들 사이에서나 대접을 못 받습니다. 돈 없는 중을 만나면 제 돈을 내놓 아야 하니 신도들은 그 중이 싫고, 스님들 세계에서도 그 심리는 마찬가지인 것이지요. 그래서 지금 참으로 도 력이 높으신 스님조차 돈력이 높은 중으로 세인들의 의 심을 사는 지경에 이르렀지요.

종단에서는 이런 폐단을 막아보고자 소 잃고 외양간 고 치는 격으로 승려노후복지정책을 추진하고 있습니다만 그 마저도 미적거리고 있습니다. 어쨌든 작금의 현실이 정책을 통해 고쳐지면 오죽 좋을까마는 시대적 가치가 바뀌지 않는 한, 그 변화는 돌부처가 걸어 다니는 것보 다 더 어려울 것입니다.

무쟁스님은 젊어서부터 공부만 하면 만사가 다 해결된

다는 믿음으로 선방에만 다녔습니다. 남들은 서로 하겠다는 주지 자리도 마다하였지요. 주야장천 화두만 잡았으니 염불을 할 수 있습니까? 살림을 할 수 있습니까? 설사 강제로 주지를 맡겨도 할 수가 없지요. 그러다 보니 상좌도 한 명 두지 못했습니다.

나이 예순이 넘자, 선방에 앉기에도 힘이 부칩니다. 그래서 본사에 뒷방 하나를 부탁해 놓았는데 그 마저도 본사에서는 이 핑계 저 핑계를 대며 미루기만 합니다. 나이든 것도 서러운데 있을 곳마저 없으니 살아온 세월이 후회스럽습니다.

그러던 중에 아는 신도 한 분이 자기 마을에 빈집이 하나 있다며 거기에 살기를 권했지요. 40년을 넘게 산중에 살다가 산골마을이긴 해도 속인들 틈에 사는 것이 망설여졌지요. 먹고 사는 것도 걱정이 됐고요.

그런데 그런 건 염려 놓으라며 소개했던 신도가 한사코 권유하는 바람에 그리로 거처를 옮겼습니다. 그 신도의 말은 빈말이 아니었습니다. 집은 깨끗이 수리되었고 집 안에는 냉장고며, 밥솥이며, 에어컨이며…, 모든 생활용품들이 갖춰져 있었습니다.

그리고 거기에 산 지 얼마 되지 않아 동네 이장이 힘써, 무쟁스님은 기초생활수급자가 되었습니다. 매월 30만원의 생계보조비가 지급되었지요. 이따금씩 쌀도 주고 생필품도 갖다 주었지요. 같이 머리 깎은 중들이 못하는 것을 국가에서 해주니 무쟁스님은 고맙기도 하고 부끄럽기도 하였습니다.

아무튼 아무 불편 없이 마을 생활에 적응해 갔습니다. 그런데 무쟁스님을 곤란하게 만드는 한 가지가 있었습니다. 무쟁스님께 집을 소개시켜준 보살님이 남편을 일찍 여의고 이웃에서 혼자 산다는 것이었지요.

연배도 비슷하고 매일같이 무쟁스님 거처를 드나들며 반찬도 해주고 빨래도 해주니 잠만 같이 안잔다 뿐이지, 사정을 모르는 사람의 눈에는 영락없이 부부로 보였지요. 실제로 무쟁스님이 받아들인다면 그렇게 사는 것이 나쁠 것도 없었지요.

나이 든 남녀가 서로 의지하며 사는 것이 뭐가 문제겠어요? 요즘 종단 내에서 출가자의 결혼을 허용하자는 논의까지 나오는 실정이잖아요.

사실 보살님의 행동이나 현재 실정이 무쟁스님을 곤란

하게 만든 것은 아니었습니다. 40여 년간 수행하다 보니 오는 인연 막지 않고 가는 인연 잡지 않는 경지에 와 있는 무쟁스님이었습니다.

문제는 무쟁스님이 과거에 저지른 행동 때문이었습니다. 아직까지도 무쟁스님의 가슴에 아픔으로 남아 있는 이야기이지요. 지금부터 30년 전의 일입니다.

무쟁스님에게도 스님을 보살펴주는 스승님이 계셨지요. 한국불교에서는 스승님을 은사(恩師)라고 부르지요. 그때 은사스님은 밀양 표충사의 주지스님으로 계셨습니다. 무수한 사람들이 큰스님으로 모셨던 분이지요.

무쟁스님은 은사스님 밑에서 공부하며 은사스님이 죽으라면 죽을 수 있을 정도로 고분고분하였지요. 그 당시 은사스님의 처소를 자주 드나들던 보살님 한 분이 계셨는데 무쟁스님은 어떤 스님한테서 은사스님이 그 보살과 살림을 차렸다는 말을 들었습니다. 그 말을 들은 무쟁스님은 큰 충격에 빠졌지요. 무쟁스님은 '우리 스님 같은 청정비구가 그럴 리가 없다'며 그 말을 전해 준 스님을 쥐 팼지요.

하지만 얼마 안 있어 그 말은 사실로 밝혀졌습니다. 은
사스님이 얼마나 밉던지 마주대하기가 싫었지요. 절이
싫으면 중이 떠난다고, 그 길로 무쟁스님은 걸망을 챙겨
은사스님 곁을 떠났습니다.

이후로 무쟁스님은 단 한 번도 은사스님을 찾은 적이
없습니다. 은사스님을 버린 것이지요. 이 선방 저 선방
을 돌며 어떤 자리에서 은사스님 말만 나와도 그 자리를
박차고 나오곤 하였지요.

그 세월이 30년이 넘었고 이제 은사스님은 죽음을 목
전에 둔 노인입니다. 지금 연세가 아흔이 되었으니까요.
아직 은사스님은 그때 그 보살과 함께 살며 암자를 운영
하고 있다는 소식을 듣고 있습니다.

그랬던 무쟁스님이 이제 은사스님과 같은 처지가 된 바
나 다름없습니다. 이웃집 보살이 자기를 보살펴주는 것
이 고마우면서 한편으론 마음이 무거웠습니다. 은사스님
을 버렸던 과거지사 때문이지요. 이율배반적인 행위는
수행자로서 할 짓이 아닙니다.

그래서 요즘 무쟁스님은 은사스님께 용서를 구하고픈

마음이 절절합니다. 생각해 보니 그랬습니다. 거의 한 평생 홀로 산 사람이 늘그막에 시봉보살 둔 것이 상좌에게 버림받을 일은 아니잖습니까? 어떤 노스님은 마지막 숨을 거두면서 옆에 있던 보살에게 가랑이 사이 거시기 한 번만 보여 달라고 졸랐다고 하지 않습니까?

파계를 하지 않고 마음을 쥐고 있는 것보다 파계를 하여 마음을 놓는 것이 더 낫지요. 무쟁스님은 30년 수행으로 바꾸지 못한 생각을 역지사지(易地思之)가 되어서야 생각을 바꾸었습니다.

며칠 뒤, 무쟁스님은 은사스님을 찾아갔습니다. 늙어 허리가 굽어진 은사스님 앞에 무릎 꿇고 통곡하며 눈물 한 바가지를 쏟았습니다.

"스님, 제가 철이 너무 늦게 들었습니다."

무슨 경로를 통해서라도, 이 세계는 어그러진 것을 제자리로 돌려놓는다는 사실을 무쟁스님은 깨달았지요.

보현보살 프로젝트

　불교에서는 밝은 실천행의 상징으로 보현보살을 내세웁니다. 영산회상도에서 석가모니부처님의 바로 오른쪽에 시립하여 보관을 쓰고 활짝 핀 연꽃을 들고 계신 분이지요. 때론 흰 코끼리를 탄 모습으로 묘사되기도 합니다. 온갖 삼매의 주인이며, 올바른 행동의 모범 인물임을 상징화한 모습인 것이지요.

　이해를 위해 문수보살과 대비한 설명이 필요할 것 같습니다. 문수보살은 세계의 온갖 현상을 나타나게 하는 힘(반야라고 하며 눈에 보이지 않죠. 사자를 상징으로 내세웁니다.)의 주인이 되는 반면, 보현보살은 나타난 온갖 현상(갖가지 모습을 갖가지 삼매로 파악하며, 상징으로 연꽃을 들어 보임.)을 주관하며, 그 현상들의 올바른 본보기(상징으로 흰 코끼리를 내세웁니다.)가 되는 인물이란 말입니다. '문수반야 보현삼매'란 말이 그 의미를 축약한 것이지요.

그래서 절의 대웅전에는 석가모니불(본체)의 좌우보처로 문수(쓰임)와 보현(현상)이 모셔져 있습니다. 불상의 배치모습만으로도 이 세계를 이해할 수 있지만, 여기서는 제목이 말하듯이 한 인물이 보현보살로 승화되는 이야기를 다룰 것입니다.

순주 씨는 보험회사 영업사원입니다. 지금 한 회사에서 10년째 일하고 있지요. 영업이력 10년이면 고객관리만 잘해도 실적에 신경 쓰지 않아도 될 때입니다만 순주 씨는 그렇지 못합니다. 신발이 닳도록 쫓아다녀도 늘 실적에 쫓기지요. 요즘은 한 달에 한 건도 계약을 성사시키기가 힘들다며 저를 찾아왔습니다.

"스님, 제가 왜 이런지 모르겠습니다. 하는 일마다 되는 것이 없습니다."

그 말을 하기 전에 저는 순주 씨의 표정만 보고도 처한 상황을 대충 알 수 있었습니다. 무언가에 짓눌려 활기를 잃은 모습이었으니까요. 제가 말하였지요.

"보살님은 지금 일에 신경 쓸 때가 아닙니다. 주변정리부터 하셔야 합니다. 지금 자신이 어떤 상태인지 냉철하게 돌아보십시오."

순주 씨는 제 말을 알아듣지 못했습니다. 이렇게 말하는 것이었죠.

"스님, 지금 저는 저를 따질 겨를이 없습니다. 돈을 벌어야 합니다."

이런 순간, 저는 참으로 답답합니다. 1층도 짓지 않고 2층 집을 짓겠다는 거 아닙니까? 자신이 먼저 변하지 않고는 환경이 바뀔 수가 없는 것입니다. 저는 호통을 쳤지요.

"내가 돈 벌게 해 줄 테니까, 현재 상황이나 자세히 말해 봐요."

그제야 주섬주섬 말을 늘어놓는데, 남편은 실직하여 백수생활을 한 지 오래 되었고, 대학생인 아들 둘 공부시키랴, 살림하랴, 모든 걸 혼자 책임지다 보니 빚만 잔뜩 쌓였다고 합니다. 매달 은행 이자 갚는데 급급하여 쌀도 사먹을 형편이 못된다나요.

그런 지경에 남편은 호랑이보다 더 무섭다고 합니다. 순주 씨는 남편이 오라면 일하다가도 집으로 달려간답니다. 남편의 말을 거역하면 불벼락이 떨어진다고 합니다.

제 앞에서 그 말을 하면서도 실제로 순주 씨는 얼굴에 두려운 기색을 비쳤지요. 가장 노릇도 제대로 하지 않으면서 남편이 그렇게 기세를 부린다니 저는 선뜻 이해가 되지 않았습니다. 그래저래 순주 씨는 치여 사는 중이었지요.

돈에 치이고, 남편에 치이고…, 어디 자식한테도 치이지 않겠어요? 그런 형편이나 순주 씨의 태도로 봐서, 일터에서는 고객들한테도 치일 게 분명했습니다.

그런 순주 씨가 저는 너무 가여웠습니다. 무슨 수를 써서라도 순주 씨를 제대로 살게 만들어야겠다는 생각을 했지요. 그래서 떠올린 것이 보현보살 프로젝트입니다.

불교의 화엄경 입법계품에는 53선지식을 만나 도를 구하는 선재동자가, 마지막으로 보현보살을 만나 보현보살의 열 가지 행원(行願)을 듣고 아미타불 국토에 왕생한다는 이야기를 전하고 있습니다. 만화영화 은하철도999에서 주인공 철이가 영원한 생명을 얻어 안드로메다 성(星)을 향하는 모습으로 그려져 있지요.

보현보살의 열 가지 행원이란, 중생들이 항상 안락하고 온갖 병고가 없기를 원하며, 선업을 닦기를 원하며, 악업으로 인한 중생의 고통을 대신 받기 원하며, 끝내는 중생이 위없는 깨달음을 성취하기를 바라는 등의 보살이 중생을 위해 실천해야할 덕목을 말합니다.

그러한 실천을 통해 보살도가 완성되며, 선재가 보현이 되고 보현이 선재가 됩니다만 순주 씨는 선재와 같은 구도심이 전혀 없습니다. 저와 만난 지도 얼마 되지 않았고, 그 전에 불교에 입문한 경험도 없습니다. 현실적인 고통 외에 다른 때가 묻지 않은 것이 불행 중 다행이었습니다. 저는 순주 씨에게 쉽게 말했습니다.

"보살님, 불빛을 보고 나방들이 모여들지요. 사람들도 나방과 다르지 않습니다. 권력을 보고 모이고, 명예를 보고 모이고, 돈을 보고 모여듭니다. 보살님이 돈을 벌려면 보살님 자신이 돈뭉치가 되어야 합니다. 그래야 돈뭉치를 보고 사람들이 몰려들 것 아닙니까? 굳이 돈이 있을 필요는 없습니다. 다른 사람의 눈에 보살님이 돈뭉치로 보이게끔 만들면 되니까요. 제가 시키는 대로 할 수 있겠습니까?"

"예. 스님, 그렇게 하겠습니다."

저는 순주 씨의 약속을 받아내고 바로 지시하였지요.

"내일부터 매일 아침 출근 전에, 절에 오셔서 법당 마루를 닦으십시오. 법당 마루를 그냥 닦는 것이 아니고 걸레질 한번에 '내 등 뒤에는 부처님이 계신다.' 이 구절을 꼭 외우십시오. 10일 동안 그렇게 하셔야 합니다. 할 수 있겠지요?"

"예."

저는 순주 씨를 연습까지 시켜서 돌려보냈습니다. 저의 의도는 모든 부처님을 예경하고, 모든 부처님을 찬탄하는 보현보살의 제 1,2 행원을 순주 씨가 자연스럽게 실천하게 하는 것이었지요. 그럼으로써 부처님에 대한 믿음과 자신감 회복이라는 두 마리 토끼를 잡을 수 있다는 계산이었지요.

다음 날부터 순주 씨는 10일간 저의 지시를 잘 실천하였습니다. 어떻게 변한 줄 아세요? 활기가 없었던 얼굴에서 빛이 났습니다. 얼굴에 시커멓게 있던 기미까지 없어졌지요. 그걸 보고 저도 깜짝 놀랐지요. 그 동안 계약도 두 건이나 성사시켰고요. 순주 씨는 스스로 신이 나서 법당 청소를 멈추지 않았습니다.

'내 등 뒤에는 부처님이 계신다.' 이 말을 순주 씨가 종일 입으로 버릇처럼 외게 되었을 때, 저는 순주 씨에게 계(戒)를 주고 '보현화(普賢華)' 라는 법명을 지어 주었습니다. 또한 두 번째 과제를 주었지요.

그것은 매일 남을 돕는 일을 한 가지 행하고, 제가 쓴 '108배 대 참회문'을 외우게 하는 것이었지요. 널리 부처님께 공양하고, 무시이래의 악업을 참회하겠다는 보현보살의 제 3,4 행원을 실천하는 것이었지요. 보름 동안 그것을 행하여 저에게 점검 받을 것을 지시하였답니다.

순주 씨가 무척 바빠졌지요. 왜냐하면 처음 줬던 과제를 버리지 않고 함께 행했으니까요. 7일째 참회행법을 실천하던 순주 씨가 제게 말했지요.

"스님, 제 남편에게 참회기도를 시킬 방법이 없겠습니까? 저는 겁이 나서 입을 뗄 수가 없습니다."

자신을 돌아보다 보니 남편도 그랬으면 좋겠다는 생각을 낸 것이지요. 대견한 생각이지만 위험한 발상이기도 하지요. 공부가 좀 된다 싶으면 자기를 높이는 상이 발동하거든요. 절이 수천 개듯이 수행의 길도 수천 개인데, 그걸 모르고 자기 것만 최고라고 우기는 태도를 말합니다. 저는 순주 씨의 의사를 무참히 밟아버렸지요.

"입도 못 떼면서 생각은 왜 해? 내가 뭐랬어요? 스스로 돈뭉치가 되라고 했잖아요. 보살님은 아직 자신에게 할 일이 많이 남았습니다. 딴 생각 하지 마세요."

그래저래 순주 씨는 보름 동안 과제를 실행하고 저를 찾았지요. 처음처럼 환희로 물든 모습은 아니었지만 뭔가 무게가 느껴지는 게 안정된 품새가 보였지요. 순주 씨에게 뿌리 깊게 자리 잡은 공포심만 없애면 돈뭉치가 될 것 같았지요. 저는 장자의 목계(木鷄) 이야기를 들려주었습니다.

"보살님, 제가 얘기 하나를 해 드리겠습니다. 옛날에 닭싸움 구경을 좋아하는 임금에게 괜찮은 싸움닭 한 마리가 생겼습니다. 임금은 그 닭을 당대 최고의 조련사에게 맡겨 훈련을 부탁하였지요. 10일이 지나 임금은 조련사에게 물었지요. '닭이 싸우기 충분한가?' 하고 말입니다. 조련사가 대답하길, '아닙니다. 닭이 강하고 교만하여 아직 자신이 최고인 줄 알고 있습니다. 교만을 떨치지 않는다면 싸움닭으로 적합하지 않습니다.' 그랬지요.

다시 10일이 지나 왕은 조련사에게 똑같이 물었죠. '닭이 싸우기 충분한가?' '아닙니다. 상대방의 소리와 그림자에 너무 쉽게 반응합니다.' 다음 10일 후 왕이 다시 물었지요. '닭이 싸우기 충분한가?' '아닙니다. 상대방을 노려보는 눈초리가 너무 공격적입니다.' 대답은 그랬죠. 그래서 왕은 또 10일을 기다렸다가 물었지요. '닭이 싸우기 충분한가?' 그제야 조련사는 긍정적인 대답을 했습니다. '예. 닭은 상대방이 소리를 질러도 아무 반응을 하지 않습니다. 완전히 마음의 평정을 찾아 마치 목계같이 보입니다. 닭이 덕을 갖추어 가고 있습니다. 어느 닭이라도 그 모습만 보고도 도망칠 것입니다.'

보살님, 영업도 그런 것 아닙니까? 내가 상대를 쫓아가면 상대는 내 말을 들으려 하지 않을 것입니다. 상대가 나에게 오도록 만들어야 됩니다. 그러려면 목계같이 되어야죠. 우리 불교에서는 그것을 반야바라밀이라고 하지요. 완성되어 있다는 뜻입니다. 보살님이 활기를 잃으니 일이 안되고, 보살님이 활기를 펴니 일이 잘되는 걸 경험하셨지요. 손을 흔들면 바람이 일고 밥을 먹으면 배가 부르잖아요. 얼마나 완전합니까? 이 세계는 이토록 오묘하게 완성되어 있는 겁니다. 그래서 반야바라밀입니다. 이제부터 보살님은 반야바라밀을 닦아야 됩니다. 죽어나 사나 반야바라밀이 전부 알아서 하는 일임을 알아야 합니다. 오늘부터 만사 젖히고 오로지 반야바라밀에만 의지하십시오. 내 생각, 내 고집을 싹 날려 보내야 합니다. 반야바라밀이 생각하고, 반야바라밀이 말하고, 반야바라밀이 행동하는 경지로 나아가야 합니다. 오늘부터 반야바라밀이란 통 속에 나를 푹 빠뜨려 놓으십시오. 우리의 생각이란 것은 이 순간에도 쉴 사이 없이 움직입니다. 그 생각 생각을 전부 '반야바라밀, 반야바라밀…' 입으로 외면서 통 속에 던져 놓으십시오. 그리고 이제 영업하러 다니지 마시고 놀러 다니십시오. 하루 중에 놀 수 있는 장소를 몇 군데 정해놓고 규칙적으로 놀러 다니십시오. 반야바라밀이 알아서 다 해 줄 겁니다."

그렇게 말하고 저는 순주 씨에게 세 번째 과제로 남을 돕는 일을 1일 3회로 늘렸지요. 물론 제 나름의 까닭이 있었습니다.

반야바라밀에 의지하는 것은 부처님의 모든 공덕을 기뻐하고, 부처님께 늘 설법해 주시기를 청하고, 부처님께서 늘 이 세상에 머물러 주시기를 원하고, 늘 모든 법을 배우기를 마다하지 않는 보현보살의 제 5,6,7,8 행원을 모두 충족시키는 것이었지요.

그리고 남을 돕는 행위는, 모든 중생을 따르고, 모든 중생의 깨달음을 위해 법을 회향하겠다는 보현보살의 제 9,10 행원을 실천할 준비였던 것이고요.

이제 순주 씨는 제가 준 법명대로 보현화 보살이 되어 갔습니다. 어질고 착한 행동으로 다른 사람을 기쁘게 만드는 존재로 거듭나고 있었던 것이지요. 그 동안 1년이 넘게 남을 돕고, 남과 놀아준 일이 엄청난 재산이 되어 순주 씨에게 돌아왔습니다.

자기 입으로 보험 이야기를 하지 않아도 상대가 먼저 알고 보험을 들기 시작했던 것이지요. 그 수는 점점 늘어갔습니다. 스스로 먼저 빛이 되어 불나방을 모으는 이치를 터득한 것입니다.

제가 보기에 자신이 돈뭉치로 보일 만큼 아직 완전하지 않지만, 어쨌든 지금 순주 씨는 연봉 1억을 받고 있지요. 남편도 변해서 순주 씨에게 함부로 대하지 않습니다. 요즘 순주 씨는 남편에게 이렇게 말할 수도 있게 되었지요.

"여보, 오늘 제가 약간 늦습니다. 빨래 좀 걷어놔 주실래요. 죄송합니다."

보현보살 프로젝트가 성공한 것일까요? 글쎄요. 이 세계는 그렇게 호락호락하지 않습니다. 물은 고이면 썩게 마련이지요.

앞으로 순주 씨가 만나는 상대마다 새로움을 느끼지 못한다면, 그리하여 상대에게 감동을 주지 못하고, 상대에게 생명을 주지 못한다면, 이 세계는 언제든지 순주 씨 앞에 시련을 던져놓을 것입니다.

반야바라밀의 속성이 활동성(活動性)이기 때문에 그렇습니다.

4
때맞춰 오는 손님

천지의 기운은 따뜻하면 낳아서 기르고
차면 시들어 죽게 한다.
그러므로 성질이 차가운 사람은
받아서 누리는 것 또한 박(薄)하고,
화기(和氣)가 있고 따뜻한 사람은
그 복이 두터우며, 그 은택(恩澤)이 또한
오래가는 것이다.　　　 ─채근담

아버지의 상여

사진 속에 남아 있는 아버지의 모습 말고, 제가 기억하는 아버지의 모습이 딱 하나 있습니다. 그런데 그 모습도 어떤 한사람이 없었다면 제 기억에서 사라졌을 것입니다. 저는 그 어떤 한사람의 이름도, 얼굴도 모르지만, 그 사람의 목소리는 아직도 생생히 기억하고 있습니다.

그러니까 제가 여덟 살에 드는 해, 한겨울에 아버지께서 돌아가셨습니다. 초등학교에 입학하기 직전이었지요. 그 전에 아버지는 7년 동안 객지를 떠돌다가 병을 얻어 그때 집으로 돌아오셨지요. 그리고 한 달 만에 운명하셨으니 6남매 중 막내인 제가 아버지의 존재를 모르는 건 당연한 일이었지요.

아버지께서 한 달 동안 병석에 누워계신 것이 분명한

데, 어찌된 영문인 지 그 모습도 저는 전혀 기억이 나지 않습니다. 집 한 모퉁이에서 맑은 물 떠다놓고 빌던 어머니의 모습만 어렴풋이 떠오를 따름입니다.

아버지가 돌아가신 날, 저를 뺀 가족들은 전부 애통해 했을 것이고, 사람들도 몹시 붐볐으련만, 저는 그 마저도 기억하지 못합니다. 단지 제가 기억하는 것은 상여행렬입니다.

꽃상여 뒤로 오색의 만장 깃발이 나부끼고 사람들이 줄지어가는 것이 내 눈에는 무슨 잔치가 열린 것같이 보였습니다. 저는 신이 나서 이리 뛰고 저리 뛰었지요. 제가 막 상여 옆을 지나는데 상여를 메고 가던 한 상여꾼이 큰소리로 말했지요.

"절마 저거는 지 애비 죽은 줄도 모르고 저래 뛰어댕기샀는다."

그 말이 벼락같이 내 귀를 후려쳤습니다. 순간 저는 멈칫 하였지요. 뭔지는 모르지만 톱날 같은 물체가 내 가슴을 긁어내리는 느낌이 들었습니다. 아주 좋지 않은 기분이었지요. 그 기분은 아주 오랫동안 저를 붙들어 매었습니다. 그것은 수치심이었습니다.

"절마 저거는 지 애비 죽은 줄도 모르고 저래 뛰어댕기 샀는다."

상여꾼의 그 말은 평생 저를 따라다녔습니다. 40년이 넘은 지금도 그 목소리가 귀에 쟁쟁 맴도니까요. 그러니까 저는 저의 수치심을 얘기하고자 이 이야기를 시작한 것이 아닙니다.

우리 사는 세계의 오묘한 이치를 말하고자 하는 것이지요. 아버지의 죽음을 몰랐던 제게, 이 세계는 상여꾼을 통하여 어쩜 그렇게도 정확한 타이밍에, 어쩜 그렇게도 야무지게, 아버지의 죽음을 각인시킬 수 있었는가 하는 것이지요. 참으로 절묘하지 않습니까?

그 목소리가 없었다면 저는 제 스스로 아버지와 연결할 어떤 끈도 마련할 수 없었을 것입니다. 상여꾼 덕분에 저는 아버지의 존재를 쭉 생각하며 살 수 있었지요.

하여튼 제 생애에서 유일하게 기억하는 아버지의 모습은 아버지의 상여뿐입니다. 그 기억마저도 하마터면 묻힐 뻔했지만 말입니다.

10.26이 내게 준 것

우리는 1979년 10월 26일을 기억하고 있다. 서울 궁정동 대통령 안가에서 김재규가 쏜 총탄을 맞고 박정희대통령께서 숨을 거두신 날이다.

이 날의 일로 인해 대한민국 국민 모두가 충격과 슬픔에 빠져 망연자실했던 것을 나는 기억한다.

특히, 나는 이 사건을 내 인생의 한 페이지에 기록하지 않으면 안 되는 사정을 가지고 있다. 10.26이 내 청춘 행로를 바꿔놨기 때문이다.

10.26이 있기 한 달 전, 나는 부마사태의 현장에 있었다. 마산 시내의 상점들은 전부 셔터를 내렸고, 고3인 나는 대학생 형님 누나들의 시위대에 합류했다. 전경들은 최루탄을 퍼부으며 앞장 선 형님 누나들을 마구 잡아

갔다.

 연일 계속되는 시위에 비상계엄이 선포되고 오후 5시가 학생들의 통금시간이 되었다. 학교에서는 시위 학생이 군인들에게 끌려가 죽었다는 둥, 병신이 되었다는 둥, 흉흉한 소문이 나돌았다.

 예비고사를 한 달 남겨둔 우리는 공부보다 사태의 추이에 촉각을 더 곤두세우고 있었다. 나는 그때 가을 냄새를 만났다. 햇살을 보면 공연히 눈물이 나고, 구름을 보면 한숨이 났다. 쓸쓸하고 공허했다. 바람은 나의 등을 떠밀었다.

 가을은 분명 남자의 가슴을 요동치게 하는 야릇한 향기를 가지고 있었다. 나는 마산역으로 걸어갔다. 마산역 광장에 서서 나는 허공을 향해 소리쳤다.

 "나는 떠난다! 새 인생아, 펼쳐져라!"

 그 길로 나는 기차를 탔다. 내 호주머니에는 전 재산 1600원이 들어있었는데, 마산서 삼랑진까지 차비가 130원, 삼랑진에서 서울 용산역까지 차비가 1280원, 해서 나는 다음날 십이열차 편으로 새벽 5시에 용산역에

도착하고도 호주머니에 190원을 남겼다.

난생 처음 와본 서울은 과연 넓었다. 허기진 배를 공중 화장실의 물로 달래며 나는 걷고 또 걸었다. 호주머니에 남은 190원은 서울역 광장에서 마구잡이로 따라붙는 앵벌이에게 다 줘버렸다.

염천교를 지나 남대문을 보고, 종로로, 서울시청으로, 독립문을 지나서 나는 신촌 대학가에 이르렀다. 서울이 처음이지만 길 한 번 묻지 않고, 도로 표지판만 보고도 나는 내가 원하는 곳을 모두 찾을 수 있었다. 나는 신촌에서 터전을 잡을 생각이었다.

연세대, 서강대, 이화여대, 홍익대의 캠퍼스와 주변을 모두 돌아보고 나서, 나는 호구지책을 찾으러 나섰다. 해가 질 무렵, 나는 조선일보 신촌지국의 문을 두드렸다. 거기에는 나와 엇비슷한 처지의 아이들이 10명도 넘게 숙식을 하고 있었다.

지국장은 나를 호의적으로 채용해 주었고, 배불리 먹으라며 밥도 차려주었다. 참으로 고마웠다. 설거지는 내가 했다. 내 서울생활의 막이 오른 그날 밤, 서울의 하늘에도 총총 별은 떠 있었다.

다음날 새벽부터 나는 총무를 따라 신문배달을 시작하였고, 보름이 넘게 지났을 때, 내 신문배달 실력은 일취월장하여 250부를 한 시간 만에 다 돌릴 수 있게 되었다. 낮 시간에는 할 일이 없어 검정고시를 준비하는 동료 배달원의 공부를 도와주며 시간을 보냈다.

마산의 학교는 까맣게 잊었다. 대학 갈 생각을 포기하고 나니, 고등학교 졸업도 따라 마음 밖으로 밀려나갔다. 단지 어머니께 불효를 저지르는 것 같아 내가 살아있다는 소식만은 전하고 싶었다.

모르긴 몰라도 살벌한 부마사태의 소용돌이와 함께 증발해 버린 나를 찾느라고 학교는 학교대로 집은 집대로 난리 소동이 났을 것이었다. 그런데 내 마음 속에는 걱정 한 점 일지 않았다. 그토록 나는 이기적인 인물이었던 것이다.

10월 27일의 새벽이 찾아왔다. 새벽 4시면 어김없이 일어나 도착한 신문의 부수를 구역별로 가르고 전단지 간지작업을 해야 했다. 그런데 5시가 넘어도 신문이 오지 않았다. 지국장은 총국에다 전화를 했고, 조금 더 기다리라는 회신을 받았다. '아무래도 나라에 변고가 생긴 것 같다'고 말하며 지국장은 걱정스런 표정을 지었다.

신문은 정각 7시에 도착했다. 트럭에서 신문 뭉치를 내려 나르던 나는 1면 톱 헤드라인을 보았다. 거기에는 「朴대통령 逝去」라고 적혀 있었다. 그걸 보자마자 동시에 내 가슴이 철렁 내려앉았다. 그리고 나도 모르게 눈물이 솟구쳤다.

슬픔을 참으며 나는 내가 맡은 구역의 신문을 챙겼다. 신문을 챙기며, 나는 무슨 계획이 있었던 것도 아닌데 남모르게 신문 10여부를 더 얹어 밖으로 나왔다. 그리고 달렸다. 눈물과 함께….

배달을 끝내자 8시가 넘었다. 거리에는 출근하는 인파로 붐볐다. 나는 남은 신문 10여부를 옆구리에 끼고 터벅터벅 걸었다. 그런데 내 옆구리에 낀 신문을 본 사람들이 내게 신문을 팔라며 달려들었다.

"이거 파는 신문 아닌데요."

내가 분명히 말했는데도, 사람들은 1000원짜리 지폐를 내 호주머니에 쑤셔 넣으며 신문을 뺏다시피 사갔다. 그때 가판대 신문 한부가 200원이었으니, 나는 팔려고 판 것은 아니지만 이익으로 따져 10배도 넘는 폭리를 취한 셈이었다.

내 수중에 현금 10600원이 생겼다. 그 돈은 그냥 돈이 아니었다. 박정희 대통령이 목숨을 바꾸어 내게 주신 돈이자, 내 심사를 흔들어놓는 돈이었다. 그때까지 한 번도 돌이킨 적이 없는 '예비고사를 치러 갈까?' 하는 생각이 일어난 것이다. 마음만 먹으면 어디든지 갈수 있는 능력이 생겨난 이유였다.

그날 낮에 나는 홀로 신촌시장 안의 대폿집에서 순대 한 접시와 막걸리 두 병을 마셨다. 박대통령 서거를 애도하는 술이자, 나의 갈등을 처리하는 술이었다. 그런데 나는 불행하게도 애도는 하였지만 갈등을 처리하지는 못했다. 배만 불렀다.

술값을 지불하고도 내 호주머니엔 8600원이 남았다. 그 돈은 계속 나를 갈등 속에 빠뜨렸다. 나는 많은 고민을 하였다. 작가가 되는 것이 내 꿈이었기 때문에, 작가가 되는 데에 풍부한 경험이 소용될 뿐이지 학벌은 필요치 않다는 것이 내 견해였다. 하지만 주변에서는 항상 학벌을 강조했었다.

고민 닷새 만인 11월 2일, 나는 '죄송하다'는 내용의

쪽지를 신문 보급소에 남기고 용산역으로 가는 버스를 탔다. 호주머니에 8600원이 없었다면 엄두도 내지 못했을 일이었다.

다음날 나는 마산에 도착했고 학교는 그때까지 나를 퇴학시키지 않고 기다려주었다. 사흘 뒤인 11월 6일, 나는 예비고사를 쳤고, 그해 졸업교지에 '기리 누부도 되는가'로 시작하는 「신촌역촌(新村驛村)」이란 시를 실었다. 그 시를 읽고 난 시인이자 나의 문예스승인 공영해 선생님은 '너는 과연 시의 천재'라며 극찬을 아끼지 않았다.

그렇게 10.26은 기로에 섰던 내 인생을 결정지어 주었다. 그것이 이 세계가 하는 일이란 것이다. 돌아보면, 내가 서울역에서 앵벌이에게 준 190원이 10600원으로 돌아왔을 수도 있고, 박대통령이 전생에 내게 진 빚이 있어 10600원을 갚았을 수도 있다.

그리고 그에 앞서 나로 하여금 신문 10여부를 더 들고 나가게 한 힘은 무엇이었을까? 미스터리라고 하기엔 그로 인한 결과가 너무 명확하여 이 세계의 힘을 끌어와 빗대지 않을 수 없지 않은가.

인생사에 저절로 작용하는 일은 없다고 믿는 나이기에, 나는 어떤 이유든지 들이대보는 것이다. 그리고 아직도 나는 내가 10.26의 수혜자인지 피해자인지 모른다. 이 세계가 알아서 한 일이었기에 그렇다. 그랬던 것처럼 앞으로의 내 삶도 이 세계가 알아서 할 것이라고 알고 있다.

결론으로, 우리 삶에서 일어나는 모든 일은 잘잘못을 따질 필요가 없다. 삶의 일상이 되건, 고비가 되건, 이 세계는 삶의 부분마다 고통과 즐거움을 각자에 맞도록 때맞춰 주기 때문이다.

나의 금강경

　자신은 최선의 노력을 다했는데도 불구하고 그 노력의 결과를 남이 알아주지 않으면 참으로 슬프다. 그 슬픔은 때로 좌절을 부르고 죽음을 부른다. 그 비근한 예로 1956년 41살의 일기로 생을 마감한 천재화가 이중섭을 들 수 있다.

　그는 인간이 누릴 수 있는 최상의 평화를 화폭에 담았지만 전시회에서, 지금 미국 모던아트 박물관에 소장돼 있는, 은지화가 춘화(春畵)라는 비난을 받으면서 좌절하고 말았다. 이후로 그는 정신병원 신세를 지다가 쓸쓸하게 짧은 생을 마쳤다.

　젊은 시절, 작가가 꿈이었던 나도 글에 관한 한 많은 좌절을 경험했다. 주위 사람들은 나를 시의 천재라고 불렀지만 나는 시 외에도 소설, 동화 등을 닥치는 대로 써서

신춘문예에 응모했다. 하지만 기성문인들은 한 번도 나를 뽑아주지 않았다. 번번이 나는 낙방했고 그때마다 나는 좌절했다.

결국 나는 작가의 길을 포기하고 승가의 길로 들어섰다. 물론 앞 장 '매미보살 빨래보살'의 이야기에서 나타냈듯이 글쓰기를 포기한 것이 승가의 길을 걷게 한 직접적인 원인은 아니다. 하지만 어느 정도 입김이 작용한 것은 사실이다.

어쨌든 오로지 수행에만 전념하던 나는 어느 순간 포교를 빌미로 다시 글을 썼다. 어쭙잖은 글이지만 책도 두 권이나 발간을 했다.

그리고 필생의 역작을 쓰고 말겠다며 정확히 4년 전부터 금강경을 아름다운 시의 형태로 재구성하기 시작했다. 온 정열을 거기에 쏟아 부었다. 그리하여 글을 쓰기 시작한 3년 만인 2010년, 작년 7월에 탈고를 했다. 지금 나는 이 이야기를 하려는 것이다.

금강경은 부처님의 말씀 중에 난해하기로 친다면 단연 으뜸이다. 이 세계의 실상을 체득하지 않고선 단 한 줄도 알아먹기 힘들다. 실상과 허상을 칼날로 뚝 잘라 허상은 쓰레기통 속에 던져버린 경전이다.

　내가 매미보살의 추억을 이야기하면서 말로써 표현할 수 없는 평온함이 내 삶 전체를 지배했다고 피력했듯이 금강경은 시종일관 그 평온한 세계만을 읊조리고 있다.

　말로써 표현할 수 없는 것을 말로써 드러냈으니 당연 어려울 수밖에 없다. 겨우 말로 드러낸 거기까지가 최선이다. 그래서 금강경을 해설하고 이해시키려는 행위는 사족(蛇足)이 된다. 그 자체로서 이해하면 부처이고 이해 못하면 중생이다. 거기서 그만이지, 더 이상 베풀 자비가 금강경에는 없다.

　그런데 어째서 800여종이 넘는 주석본이 나올 만큼 수많은 사람들이 금강경 해설에 힘을 쏟았을까? 나는 금강경을 읽으면서 그 점이 자못 궁금했다. 시대 따라 깨달음이 변하는 것도 아니고, 사람 따라 깨달음의 내용이 달라지는 것도 아니다. 깨달음은 한 가지—실상을 바르게 보는 것뿐이다.

　나는 그 해답을 금강경 속 수보리의 눈물에서 찾았다. 경에 '이때 수보리는 이 경을 설하시는 것을 듣고, 그 뜻

을 깊이 이해하고 눈물을 흘리며 부처님께 아뢰었다.' 라
고 적힌 부분을 읽으며, 나 역시, 수보리와 똑같이 눈물
을 흘리며 금강경 사구게(四句偈)인,

무릇 있는바 모양이라는 것은
모두 허망하니
만약 모든 모양이 모양 아님을 본다면
즉시 여래를 보리라

이에 대한 감응을 터진 봇물처럼 쏟아낸 것이다. 그것
은 「맑고 가벼운 바람이 되어」란 제목으로 탄생한 시였
다. 이 글의 말미에 소개할 계획이다.
그를 필두로 나는 금강경의 각 품별 감응을 시로 노래
하기 시작했다. 누가 시킨 것도 아니었고, 스스로 계획
한 것도 아니었다.
금강경을 해설한 다른 사람들도 나와 같은 경우라면 굳
이 해설의 필요를 따질 것 없이 수보리의 눈물과 같은
것으로 이해하면 될 터였다. 금강경의 성립 역사가
2000년이 되었으니, 그 세월 동안 그런 인물들이 800

여명이라면 많은 것도 아니지 않은가.

 그렇듯이 나는 금강경 구절구절을 시로 엮어 100편의 시를 썼다. 내 피와 땀이 그 속에 녹았고 나는 스스로 흡족하여 100편의 시를 읽고 또 읽었다. 읽으면서 누구라도 읽기만 하면 쉽게 깨달음에 이를 것 같다는 생각을 했다.

 그래서 명석한 보살 한 명을 불러 내 글을 보여주었다. 그녀는 읽으면서 흐르는 눈물을 연방 소매로 훔쳤다. 금강경 이상으로 금강경을 이해한 것이다. 나는 망설이지 않았다. 출간을 위해 서울 유명 출판사의 문을 두드렸다.

 이 글의 첫머리에 나는 좌절에 대한 이야기를 했었다. 그렇다. 나는 좌절했다. 출판사 세 곳을 들러 세 곳 모두로부터 출판을 거절당했다. 출판사에서는 그들 고유의 거절방식인지 몰라도 하나같이 '대중성이 없다'는 이유를 댔다.

 나는 더 이상 다른 출판사를 들리지 않았다. 어떤 작가는 제 작품 출간을 위해 80군데 출판사를 방문했다는 말을 했지만, 나에겐 그런 끈기가 없을뿐더러 무슨 일을 억지로 결행할 의지도 없었다. 오히려 나는 항상 기다리는 편이었다.

사실 나는 좌절하지도 않았다. 이 세계의 운행이치를 몰랐던 때라면 엄청 좌절했을 것이다. 왜 아니랴. 3년 동안 피와 땀을 쏟은 작품을 내놓았는데 뭐, 대단하지도 않은 작자들이 대단하지도 않은 핑계를 대는 데에 왜 피를 토하지 않겠는가? 나는 피를 토하는 대신 나를 깊이 들여다봤다.

"너는 아직 멀었구나."

나는 나에게 그렇게 말하고 있었다. 앞 장 '내 이름은 상락화'에서 말했듯이 노력만으로는 성공을 보장받을 수 없는 것이다. 노력에 합당한 태도가 뒤따라야 하는데, 나의 태도 속에는 출판을 가로막는 어떤 혹 덩어리가 숨어 있는 것이 분명했다.

나는 반성하고 또 반성하며 절로 돌아와 부처님 전에 참회의 1000배를 올렸다. 그리고 때가 무르익기를 기다리며 나의 금강경을 깊숙이 서랍 속에 묻어두었다.

그로부터 1년이 넘게 지난 오늘, 아직 때가 도래한 것은 아니지만 이 세계는 이 글을 위하여 나에게 숨겨둔 금강경을 다시 끄집어내게 만들었다. 새삼 감회가 새롭다. 아까 약속대로 나의 금강경 「맑고 가벼운 바람이 되어」를 선보인다.

맑고 가벼운 바람이 되어
하늘도 모르고 땅도 모르게
꽃잎이 깨나면 꽃잎이 깨나는 대로
풀잎이 누우면 풀잎이 눕는 대로
서는 자 그대로 서게 하고
눕는 자 그대로 눕게 하리라
웃음이라도 눈물이라도
찾은 게 있으면 잃는 것도 있는 법
찾고 얻어 가진 것
많으면 많을수록 크면 클수록
잃는 것도 많고 크나니
내 사는 동안
산굽이 물굽이 오르고 내리며

기쁨슬픔 후회희망 설렘미련
눈에 묻고 코에 묻은 가지가지 물들임
세수한들 닦일까 화장한들 티 안 날까
지울 수 있으면 지우련만 지울 수 없어
하릴없이 업고 간다 보듬고 간다
가다보니 어느덧 내 나이 쉰 살
놓아야지 버려야지 내 모든 선택
버리고 또 버려
밀리면 밀리는 대로 당기면 당기는 대로
오직 맡길 뿐
찾을 것 없고 얻을 것 없다
찾은 게 없어야 잃을 게 없는 귀결
맑고 가벼운 바람이 되어
찾으려야 찾을 수 없는 마음과 한 몸 되어
그 어떤 웃음 그 어떤 눈물도
오면 오는 대로 가면 가는 대로
버려두리라 붙들지 않으리라
돌아보면 눈물 나니 돌아보지 말고
주름살 못난 표정 옆에 젖혀두고

오늘 지금 이 자리
표시 없는 표시로 살아
산들산들 봄바람이다
세존께서 부친 바람—사구게 바람
웃음 나면 웃음 금방 쓸어버리고
눈물 나면 눈물 금방 앗아버리는
열한 살 바람이다
당장 밀리고 쓸려 문드러져도
펄펄 날고 또 날아 흩어지고 말 일이지
어느 모서리 한 점 귀에라도
눌러 붙지 않는
맑고 가벼운 바람이 되어
산을 넘어도 산은 그대로 산
물을 건너도 물은 그대로 물
물들이지 않고 흔들지 않고
과거 현재 미래 삼세
꿈쩍 않는 세계로
꿈같이 별같이 사라지리라
맑고 가벼운 바람이 되어

오달국사(國師) 이야기

　내가 말하고자하는 이 단원의 주제와 딱 맞는 이야기
가 있어 소개한다. 1400년 전부터 현재까지 불가에서
유통되고 있는 「자비수참(慈悲水懺)」을 쓴, 중국 당나라
의 오달국사 이야기이다.

　오달국사의 본래 법명은 지현(智顯)이었다. 그는 어렸을
때부터 성질이 온순하고 불법 공부를 게을리 하지 않았
다. 항상 마음 쓰는 것이 자비로워 화를 내는 법이 없어,
절의 대중스님들은 그에게 간병(看病) 일을 보게 했다.
간병은 아픈 사람을 돌보는 소임이다.
　한번은 성질이 포악하고 얼굴이 괴상한 노장의 병을 간
호하게 되었다. 그 노장은 문둥병이 만성이 되어 온몸이
곪아터지고, 피와 고름이 범벅이라서 옆에 가기만 해도

지독한 냄새가 났다. 그럼에도 불구하고 노장은 지현스님을 붙들고 온갖 욕을 해가며 놓아주지 않았다.

그럴수록 지현스님은 더욱 큰 자비심을 내었다. '저 스님이 병이 깊어 저렇게 신경질을 부리니 어떻게든 병을 낫게 해 드려야겠다.'는 마음을 먹고 백방으로 쫓아다니며 약을 구해왔다.

밥을 짓고, 죽을 쑤고, 약을 달여, 그 노장에게 갖다 바치면 돌아오는 것은 언제나 욕이었다. 어떤 때는 밥그릇을 집어던지기까지 했다. 그래도 지현스님은 얼굴 한 번 찌푸리지 않고 더욱 열심히 간병에 정성을 쏟았다.

그 정성에 하늘도 감동했는지 그렇게 중했던 노장의 문둥병이 석 달 만에 말끔히 나았다. 그때서야 노장은 길을 나서며 지현스님을 극구 칭찬하였다.

"가히 현세의 보살이다. 복을 짓는 가운데 간병보다 더 나은 것이 없노라. 그대는 앞으로 큰 복을 받게 될 게야. 그런데 염려되는 바가 하나 있어, 내 일러주지. 그대 나이 40이 되면 국사가 되어 호의호식을 하게 될 터이다. 그때를 만나 마음에 허영을 부리면 크게 고통 받을 일이 생길 것이다. 그렇거든 나를 찾아와야 할 것이니 잊지 말게나."

노장이 그렇게 말하자 지현스님이 대답하길,

"스님은 별 말씀을 다하십니다. 저 같은 사람에게 나라의 국사가 다 무엇이며, 호의호식이 무슨 상관이 있겠습니까? 오욕을 버린 출가승에게 그런 경계가 찾아와도 마땅히 초근목피(草根木皮)와 누더기를 버리지 말아야 될 줄 아옵니다. 그런 염려는 하지 마십시오."

"허허, 그 사람 장담은…, 장차 두고 보면 알게 아닌가."

"그렇다면 스님, 스님의 주소나 알아야 찾아가지 않겠습니까?"

"그렇군. 내가 깜빡 했네. 서촉의 팽주 다룡산 두 그루 큰 소나무 아래 영지에 산다네."

노장은 그렇게 말해주고 홀연히 떠났다. 그리고 세월은 물같이 흘렀다.

지현스님의 나이 40이 되었을 때, 나라에서는 훌륭한 도인을 찾아 나라의 스승으로 모시고자 천하총림에 조서를 내렸다. 그때 지현스님은 안국사에 주석하고 있었는데 모든 스님들이 하나같이 지현스님을 국사로 추천하였다.

지현스님은 몇 번이나 사양하였으나 거듭되는 왕실의 요청에 할 수 없이 국사의 자리에 올라 '오달(悟達)'이란 법호를 받았다. 그때부터 오달국사는 그 지위에 맞게 금빛 찬란한 비단장삼에 금란가사를 둘렀다. 매일같이 천하에 제일가는 음식이 올라오고 만조백관이 국사 앞에서 고개를 조아렸다.

희종(僖宗) 임금은 오달국사를 항상 자기와 똑같은 봉연에 태우고 정치를 자문하니, 누가 보아도 세상에서 그보다 더 높은 사람은 없어 보였다.

오달국사는 자기도 모르는 사이 어깨가 으쓱해졌다. 풀뿌리와 누더기로 살겠다던 옛 맹세는 까맣게 잊었다. 40년간 길들여온 오후불식(午後不食)도 하지 않았다. 그는 점점 수도자의 면모를 잃어가고 있었다.

그러던 어느 날, 이상하게도 넓적다리가 근질거리더니 몹시 쓰리고 아팠다. 살펴보니 난데없는 혹이 하나 솟아나 있었다. 그런데 그 혹은 날이 갈수록 점점 자라나 나중에는 사람머리 만해졌다.

더욱 기이한 것은 혹의 생김새였다. 둥그런 데에 눈도 있고, 코도 있고, 입도 있고, 생긴 것이 영락없이 사람의 얼굴과 꼭 같았다. 걸음을 걸으면 씻기고 아파 견딜 수가 없으므로 저절로 얼굴이 찡그려졌다. 그 고통은 나날이 심해져 갔다.

남몰래 의원을 불러 침을 맞기도 하고, 좋다는 약이란 약도 다 써보았지만 도통 낫지를 않았다. 그런데 하루는 이상하게도 그 아픈 곳에서 사람 소리가 났다. 밤중이 되어 가만히 옷을 벗고 들여다보니 어쩌면 그렇게도 사람의 얼굴과 똑같이 생겼는지 스스로 놀라지 않을 수 없었다.

게다가 사람처럼 말까지 하니 까무러칠 노릇이었다. 당장 떼어내고 싶었지만 제 몸에 붙은 생명체라 여겨 오달국사는 그를 인면창(人面瘡)이라 부르게 되었다. 그 인면창이 말했다.

"오달아, 너만 그 좋은 음식 먹지 말고 나도 좀 다오. 그리고 걸음을 걸을 때 제발 조심해서 좀 걸어라. 네가 다리를 쩔뚝거리지 않으려고 억지로 걸을 때마다 나는 얼굴이 씻겨 아파 견딜 수가 없구나."

오달은 깜짝 놀라 말했다.

"네가 도대체 누구인데 나를 이렇게 괴롭히는 거냐? 너는 누구냐? 말해 보거라."

그러나 인면창은 입을 꾹 다물어 버렸다. 오달은 온몸에 소름이 쫙 끼쳤다. 그리고 창피했다. 남이 이 사실을 안다면 일국의 국사가 그런 추잡한 병에 걸렸다고 얼마나 손가락질을 할 것인가. 국사고 뭐고 다 집어치우고 싶은 심정이 굴뚝같았다. 그때 문득, 그 옛날 자신이 간병했던 노장의 말이 생각났다.

"그대의 나이 40이 되면 국사가 되어 호의호식하게 될 터이다. 그때를 만나 마음에 허영을 부리면 크게 고통을 당할 일이 생길 것이니 나를 찾아오너라."

오달은 걸망을 챙겨 길을 나섰다. '팽주의 다룡산이라 했다' 그는 기억을 더듬어 며칠을 걸어 다룡산에 다다랐다. 노장이 얘기했던 두 소나무 사이에 이르니 안개가 자욱이 끼었는데 어디선가 은은한 풍경소리가 들렸다. 그 소리를 좇아갔더니 한 간 정자에 그때 그 노장이 앉아 그를 맞으며 손짓하였다.

"오늘 그대가 올 것을 기다리고 있었네."

오달은 노장에게 넙죽 큰절을 올렸다. 그리고 다른 말을 할 겨를이 없었다.

"스님, 이것 좀 고쳐주십시오. 이놈이 나를 잡아먹으려고 합니다."

"그래. 내 이르지 않았더냐. 그런데 너는 국사가 되어도 풀뿌리와 누더기를 떠나지 않는다고 하였었지. 네가 부른 고통이지만 너의 자비심이 그걸 이길 것이다. 그것은 너의 원수니라. 어서 저 영지에 내려가 말끔히 씻어버려라."

노장의 말을 듣고 오달국사는 정자 아래 영지 물가로 내려갔다. 그 순간 인면창이 다급하게 오달에게 말을 걸었다.

"내가 너에게 할 말이 있다."

"무슨 말이냐?"

"네가 나를 알겠느냐?"

"내가 너를 어찌 알 수 있겠느냐?"

"그럴 것이다. 그러나 나는 너를 잊지 않고 있었다. 나는 옛날 한나라 경제(京帝) 때의 재상 조착이다. 네가 오나라의 재상 원익으로 있을 때 우리나라에 왔다가 무슨 오해를 가졌던지 경제 임금께 참소하여 나를 무고히 죽게 하였다. 그래서 나는 너에 대한 원한이 사무쳐 오랜 세월 동안 원수를 갚고자 벼르고 또 벼렸다. 그런데 기회가 오지 않았다.

네가 세세생생 중이 되어 계행을 청정히 지니고 마음 닦기를 게을리 하지 않아 좀체 틈을 얻기가 어려웠다. 그러던 중 네가 마침 국사가 되어 계행이 해이해지고 수도에 구멍이 나 모든 선신이 너를 떠나가는 바람에, 내 너를 괴롭히려고 인면창으로 변하여 오늘에 이르렀다.

그러나 너는 불심이 장하여 많은 사람을 구제해온 까닭으로 오늘 저 스님의 은혜를 입어 병이 낫게 되었으니, 이 못은 해관수(解寬水)라는 신천(神泉)으로 한번 씻으면 만병이 통치되고 묵은 원한이 함께 풀어지는 까닭이다.

저 스님은 말세의 현자로 다룡산에 계시는 빈두로존자이니 보통 사람이 아니다. 이러한 성현의 가피를 입어 너와 내가 묵은 원결을 풀고 참 도를 구해 나아가게 되었으니 어찌 다행한 일이 아니냐. 그럼 잘 있어라."

그러고 나자 그 인면창은 감쪽같이 스며들었다. 오달국

사는 그 동안의 해이한 계행, 거만한 마음을 뉘우치고 그 물에 목욕하니 병은 간 곳이 없고 몸은 날아갈듯 신천지를 얻은 것 같았다.

오달국사는 해관수에서 나와 방금 만났던 빈두로존자를 뵙고자 정자를 찾았다. 그런데 두 그루 소나무는 여전한데 정자와 사람은 간 곳이 없었다. 과연 성현의 신령한 자취임이 분명했다.

오달국사는 이로부터 그 곳에 절을 짓고 안주하여, 자비수참(慈悲水懺)이라는 참회행법을 지어 아침저녁으로 부지런히 행하였다. 그것은 만 수행인의 본이 되어 오늘에 이르도록 꺼지지 않는 등불로 살아 있다.

이 이야기는 전해져오는 것으로서, 자비수참의 서문에 실린 것을 내가 약간 손질했을 뿐이다. 우리는 이 이야기를 통하여 인간사에 길흉(吉凶)이 어떻게 작용하는 지 그 경로를 알 수 있다.

내 생각이나 말, 행동이 착하면 착한 사람들을 불러 모으고, 착한 일들을 불러 모은다. 반면 내 생각이나 말, 행동이 악하면 악한 사람들을 불러 모으고, 악한 일들을 불러 모은다. 이른바 유유상종(類類相從)이다.

이 세계는 착하면 착한대로, 악하면 악한대로, 차가우면 차가운 대로, 뜨거우면 뜨거운 대로 그 기운을 맞춰줄 태세를 항상 갖추고 있는 것이다. 그 중심에 〈나〉가 있다.

나의 본성은 순수하지만, 수억 년 동안 무수한 모습으로 살아오면서 알게 모르게 저질렀던 온갖 행위들을 돌이켜보라. 그 행위들은 이 세계의 기운 속에 속속 살아 있다.

그 기운은 호시탐탐 기회를 엿보다가 때만 맞으면 언제든지 현상으로 모습을 드러낸다. 그 때를 맞추는 것은 세계이지만 때를 맞춰주는 쪽은 〈나〉다. 늘 좋은 쪽만 선택하는 것이 가능하다는 얘기이다.

그리고 그 〈때〉는 항상 정확하다. 모든 현상은 일어날 때 일어난다. 틀림이 없다. 그러므로 어찌 나의 태도를 살피며 살지 않겠는가! 매순간마다….

벼락 맞은 법당

"스님, 도량 한번 일으켜 보시지요."

15년 전인가, 하루는 고향 선배가 내가 사는 토굴로 찾아와 빈 절 하나를 소개하며 말했다. 경남 함안 무릉산에 있는 암자로서 어느 보살이 창건해 놓고 10년 넘게 비워둔 상태라고 한다.

"한번 가서 보지요."

나는 그렇게 대답하고 선배에게 약도를 받아놓았다. 나는 당시 대구 근교 시골의 빈집을 얻어 살며 아무런 소일거리도 없이 지내고 있었다. 어쩌다가 주지를 맡은 사형스님들이 재받이로 불러주면 가서 목탁 잡아주고 받는 용돈으로 살았다.

늘 한가로워 시간은 언제든지 낼 수 있었다. 나는 한날, 여행 삼아 선배가 그려준 약도를 쥐고 무릉산의 암자를 찾아갔다.

 암자는 산 중턱의 소나무 숲에 둘러싸여 있었다. 기와를 얹은 법당 1동과 스레드 지붕의 요사 1동이 서남향으로 나란히 자리 잡고 있었다. 앞마당엔 쑥이 사람 키만큼 자라나 말 그대로 쑥대밭이 되어 있었다.

 현판도 주련도 없는 법당 안에는 세 분의 부처님이 나를 향해 그윽한 미소를 지으며 앉아 계셨다. 나는 향을 사르고 삼배를 올렸다. 살펴보니 청소만 하면 당장 법회를 열어도 될 것 같았다.

 요사는 엉망이었다. 문짝은 깨어지거나 달아났고 벽지와 장판은 찢어져 너덜거렸다. 부엌엔 알루미늄 가마솥 1개 외엔 쓸 게 하나도 없었다.

 그런데 내 마음에 쏙 드는 두 가지가 있었다. 그것은 전기가 없는 것과 아궁이에 불을 때 사는 것이었다. 나는 늘 자연에 가깝게 살려고 했던 것이다.

 요사 바로 밑에는 우물이 있었고, 오솔길을 따라 100여 미터 걸어가니 허물어진 산신당과 맑은 샘이 나란히 붙어 신비로운 느낌을 자아내고 있었다. 조금씩 다듬어가며 살면 정이 붙을 것 같았다.

문제는 절 주인의 사람 됨됨이었다. 산이고, 절이고 간에 주인이 있을 터였다. 나는 그 동안 이 비슷한 도량을 뼈 빠지게 일궜다가 쫓겨나는 스님을 몇몇 보았다.

그래서 보살 절은 스님들에게 기피대상이었다. 특히 '보살이 주인이 되어 같이 사는 곳에 가지 말라'는 것은 스님들 사이에 공공연히 알려진 말이었다.

나는 수소문 끝에 암자로부터 30여리 떨어진 마을에 사는 절 주인을 찾았다. 일흔이 가까워 보이는 할머니인데 할머니는 나를 깍듯이 맞이하였다. 내가 암자 얘기를 꺼내자 할머니는 반가운 미소를 지으며 말했다.

"안 그래도 절 꼴을 그래 놓고 부처님 보기 죄스러워 제가 밤마다 잠을 못 이룹니다. 스님 같은 분이 사신다면 제가 몽땅 드리겠습니다. 스님, 안심하고 살아 주십시오."

그날, 나는 시간가는 줄 모르고 할머니와 많은 얘기를 나누었다. 때가 되어 할머니가 차려준 저녁을 먹고, 잠 자고, 그 다음 날 아침밥까지 먹고, 나는 할머니 집에서 나왔다. 물론, 장차 어떤 세월이 와도 할머니가 절주인

행세를 절대로 하지 않겠다는 약속을 받아내고 말이다.

며칠 뒤, 나는 이것저것 준비를 해서 이사를 했다. 나의 무릉산 살림살이가 시작되었다. 풀만 뽑아내는데 몇날 며칠이 걸렸다. 도배를 하고 장판도 새로 깔았다. 10년 동안 요사를 점령했던 벌레들을 모두 쫓아냈다.

없던 화장실을 손수 내 손으로 새로 짓고, 우물 청소도 했다. 한 달 새, 풀독에 옮고 벌레에 물려 내 몸은 만신창이가 되었지만 기분은 상쾌했다. 도량이 도량다워졌기 때문이었다.

새벽 마다 도량석 목탁을 친 덕분일까, 나는 아무에게도 알리지 않았는데 사람들이 하나, 둘씩 암자를 찾기 시작했다. 날이 지날수록 그 숫자는 점점 불어나 그 해 겨울, 동지법회에 50명이 넘는 불자가 모였다. 그릇이며, 수저며, 살림도구가 늘어난 것은 말할 것도 없다.

일요일은 항상 바빴다. 멀리 대구에서, 마산에서, 일부러 밥을 먹으러 오는 신도들 때문이었다. 나는 항상 내가 손수 밥을 지어, 오는 사람을 대접했다. 나의 밥 짓는 실력은 타의 추종을 불허했다. 나는 큰절에서 행자 기간 내내 밥 짓는 공양주만 하였던 것이다.

불 때서 짓는 밥은 그 맛이 특별하다. 반찬이라야 된장
찌개 하나뿐이지만 사람들은 하나같이 맛있다며 밥그릇
을 뚝딱 비웠다. 스님 밥에 중독돼서 마누라 밥은 못 먹
는다는 사람도 있었다.

다음 해, 초파일은 그야말로 잔칫날이었다. 아이들도
오고, 어른들도 오고, 온 산중이 떠들썩하였다. 연등을
150개나 달았다. 산중 암자에서 무슨 특별한 홍보를 한
것도 아닌데, 짧은 기간에 그 만한 연등을 공양올린 것
은 가히 경이적인 일이었다.

초파일을 쉬고 한 달 가량 지났을 때였다. 처음 보는 남
자 세 명이 거들먹대듯이 몸을 흔들며 도량 이곳저곳을
살피고 있었다. 한 사람은 예순이 넘어보였고, 두 사람
은 부하 직원이나 되는 듯 젊었다. 나는 방 안에서 그들
을 지켜보다가 은근히 기분이 나빠져 밖으로 나가 따져
물었다.

"당신들 뭐요?"

그러니까 나이 든 남자가 내게 다가와 공손히 합장을
하며 말했다.

"스님, 불쑥 찾아와 죄송합니다. 저는 이 절 주인입니다. 제가 지금 서울에서 무궁화 선양사업을 하고 있습니다. 이제 나이가 들어 고향에 돌아올까 하여 여길 찾았습니다."

참으로 기막힌 얘기가 아닐 수 없었다. 도대체 이해할 수가 없어, 나는 버럭 고함을 질렀다.

"지금 무슨 소리 합니까? 앞에 절 주인을 두고 처사님이 절 주인이라니? 어디 이해가 될 말을 하셔야죠."

"스님, 이 산이 제 산입니다. 스님이 잘 모르시나 본데 이 절을 지은 사람은 제 누님 됩니다. 우리 누님이 말씀 안했습니까? 땅주인이 저라고…."

그 말은 사실이었다. 그래도 그가 절 주인이 아닌 것만은 분명했다. 나는 흥분을 가라앉히고 조용히 말했다.

"그렇다고 처사님이 절 주인이라고 말씀하시면 안 되죠. 나는 지금 처사님 누님과 약속을 맺고 이 절을 운영 중이란 말입니다. 땅주인은 모르겠고 현재 절 주인은 나니 돌아가시오."

그렇게 나는 세 남자를 쫓다시피 돌려보냈다. 그들의

태도로 보나, 말 품새로 보나, 나를 쫓아내려 온 게 틀림없었다. 그날은 영 기분이 찝찝하여 잠도 오지 않았다. 스스로 주인 운운한 자체가 불쾌했던 것이다.

그런데 그것으로 그쳐진 것이 아니었다. 며칠 지나서 그 사람들이 또 왔다. 이번에는 삽과 무궁화나무 묘목을 잔뜩 짊어지고 왔다.

"스님, 제가 여기에 무궁화동산을 꾸밀까 합니다."

그러면서 하루 내내 절 주위에 무궁화를 심어놓고 돌아갔다. 기가 막힐 노릇이었다. 제 땅에 제 나무 심는데 나는 뭐라 할 말이 없었다. 하지만 불쾌한 감정은 이루 말로 표현할 수 없었다. 그때부터 나는 고민하기 시작했다.

나는 무슨 일이든 복잡해지면 견뎌 내지를 못한다. 앞으로 세월이 갈수록 더 복잡해졌으면 졌지, 지금보다 나아질 것이란 생각이 전혀 들지 않았다. 그들의 행동은 '스님, 나가주세요.' 하는 것보다 더 추잡한 것이었다.

나 혼자 몸이라면 그 길로 바로 떠났을 것이다. 하지만 그 동안 이 암자를 의지해온 많은 신도들이 못내 마음에 걸렸다. 그래서 나는 그들의 행동을 좀 더 지켜보기로 마음먹었다.

 며칠 동안 비가 내렸다. 폭우가 쏟아지고 천둥 번개가
쳤다. 어떤 날은 비가 오락가락하기도 했다. 종잡을 수
없는 날씨가 이어졌다. 하루는 날이 갰는데 아침부터 한
무리의 남자들이 거름포대를 몇 개씩 짊어지고 와 요사
옆 공터에 내려놓았다.
"이게 뭡니까?"
 내가 그들에게 묻자, 그들은 그냥 품삯 받고 시키는 대
로 하는 것이라고 했다. 땅주인의 짓이었다. 조금 뒤늦
게 올라온 그가 말했다.
"스님, 나무에 줄 거름 좀 쌓아놓겠습니다."
 나는 어이가 없어 입만 벌리고 있었다. 졸지에 요사 옆
에는 천막으로 덮은 거름무덤이 생겨났다. 내 속에서 분
한 마음이 지글지글 끓어올랐다. '나무관세음보살'
 그런데 그들이 산을 다 내려가기도 전에 갑자기 먹구름
이 몰리더니 천둥벼락과 함께 비가 쏟아졌다. 예사 비가
아니었다. 비도 비였지만 번개의 섬광이 바로 머리 위에
서 번쩍거렸다. 나는 얼른 내 방으로 피했다. 그때였다.

"촤악!"

하늘이 째지는 소리였다. 나는 내 고막이 터지는 줄 알았다. 그 소리와 동시에 하얀 섬광이 내 눈을 확 덮었다. 나는 내가 벼락에 맞은 줄로 여겼다.

나는 정신을 차렸다. 내가 벼락을 맞았거나 내 바로 옆에 벼락이 떨어진 게 분명했다. 그런데 나는 살아 있었다. 하지만 나는 감히 밖으로 나가질 못했다.

한 시간 쯤 지나자 비가 그쳤다. 방문을 열고 밖으로 나가 나는 이곳저곳을 확인했다. 그리고 법당을 살폈을 때 나는 놀란 입을 다물지 못했다.

법당 안에는 깨어진 기왓장이 빗물과 범벅이 되어 흩어져 있었고, 법당 천정에는 우물만한 둥그런 구멍이 뻥 뚫려 있었다. 거기에 벼락이 내리친 것이었다.

법당 안에서 고개를 들면 우물만한 하늘이 보였다. 불상과 불단은 멀쩡했다. 나는 청소를 하며 법당이 벼락 맞은 까닭을 깊이 생각했다. 이 세계가 분명 나에게 전하는 말이 있을 거라고 여긴 것이다.

돌아보니 일군의 무리가 거름을 짊어지고 왔을 때, 내 마음은 분노를 참지 못해 부르르 떨었다. 그리고 곧이어

비가 쏟아졌고 벼락이 쳤다. 그렇다. 비와 벼락은 내 마음이 내리친 것이었다. 그랬다. 벼락의 형태로써 나는 이 암자를 버린 것이다.

　나는 그길로 걸망을 메고 그 곳을 떠났다. 그리고 다시는 거기를 찾지 않았다. 내 마음이 갈팡질팡했을 때 이 세계는 벼락을 쳐서 내 결정을 때맞춰 도와준 것이다. 이 세계의 법은 항상 내 마음과 같다.

포도밭 그 사나이

　그는 성질이 꼿꼿하여 남과 타협할 줄 몰랐다. 자기가 생각한 것은 아무리 옆에서 들쑤셔도 그대로 밀어붙였다. 간혹 그의 생각이 틀렸다고 윗사람이나 동료가 지적이라도 하면 그는 고개를 돌려 그 상대를 피해버리곤 했다. 그러니까 자연 그 옆에는 사람들이 오래 붙어 있지 못했다. 나는 그를 '포도밭 사나이'이라고 불렀다.

　그는 대구 팔공산 기슭의 포도밭 가운데에 컨테이너 집 한 채를 지어놓고 혼자 살았다. 포도농사를 지어 포도가 나는 여름부터 가을까지 팔공산 순환도로변에 포도를 벌려놓고 팔았다. 그것이 그의 유일한 수입이었는데, 그것으로 생활이 충분했다.
　그런데 그 포도밭은 자기 소유가 아니었다. 위에 있는

절의 소유로 된 것을 그가 매월 10만원씩 주고 임차한 것이다. 그 돈도 통장 자동이체를 해 놔서 이해관계로서 그가 상대할 사람은 없었다. 배짱이 편했고 그런 생활은 그의 체질에 딱 맞았다.

그런 그가 도통 마음의 끈을 놓지 못하는 한 곳이 있었다. 포도밭 위의 절에 다니는 신도로서 그와도 친분이 오래된 한 여인을 연모하는 감정이 그것이었다. 그 여인도 홀몸이라서 그는 그녀에게 같이 살자고 여러 번 청을 넣었다. 그때마다 그 여인은 싫다는 표시도 하지 않으면서 이리저리 핑계를 대며 그의 약을 올렸다.

다른 사람 같으면 골백번도 넘게 고개를 돌렸을 그가 그 여인한테 만큼은 늘 관대했다. 하지만 그의 성격대로 그 여인과 함께 살겠다는 생각은 절대로 바꾸지 않았다. 그는 집요했다. 여인의 생각을 돌리기 위해 온갖 공을 다 들였다.

10년 넘게 포도농사를 지어 모은 돈으로 여인에게 옷도 사주고, 여인의 소원대로 고급 자동차도 구입했다. 여인이 와도 생활에 불편이 없도록 컨테이너를 늘려 부엌도, 목욕탕도 따로 만들었다. 언제든지 따뜻한 물을 쓸 수 있도록 온수기도 구비했다.

그런 그의 정성덕택으로 여인이 마음을 굳히고 마침내 포도밭 사나이 곁으로 왔다. 그는 뛸 듯이 기뻤다. 포도 농사에 더욱 신경을 썼고, 채마밭도 늘려 여러 가지 작물을 심었다. 하루하루가 천국이었다.

그 당시, 나는 포도밭 사나이와 지중한 인연이 있어 한 번 그 곳에 들렀다. 그때 그는 싱글벙글 웃으며 내게 말했다.

"스님, 제가 저 여자한테 꼬박 5년 동안 공을 들였습니다."

그렇게 자랑하고 신이 났던 그가 그 여인과 함께 산 지 8개월 만에 덜컥 말기 암 판정을 받았다. 의사 말로는 장기마다 암이 퍼져 손을 쓸 방법이 없다는 것이었다. 본인에게는 청천벽력과도 같은 말이었다. 그 소식을 듣고 나는 문병을 갔다. 그가 나의 손을 붙들고 말했다.

"스님, 제가 뭘 잘못했습니까? 이제야 사람같이 살아보려는데 저한테 왜 이런 일이 생깁니까?"

나는 그가 섭섭해 하더라도 바른 대답을 할 필요가 있다고 생각했다. 내가 말했다.

"때가 된 것이지요. 달도 차면 기울듯이 우리 인생도 찼다 싶으면 죽음이 그 때를 맞추지요. 그 동안 살아오면서 스스로 맺어놨던 응어리를 풀 기회라고 여기십시오. 그리고 풀어야 합니다. 자기를 잘 살펴보십시오. 스스로 맺은 응어리가 분명 있습니다. 그걸 오늘 당장 풀어버리면 병이 나을 수도 있습니다."

그러자 그는 눈이 둥그레져서 곧장 물었다.

"스님, 제가 어떻게 하면 되겠습니까?"

그는 '자기를 살피라'는 말보다 '병이 나을 수 있다'는 말에 먼저 귀를 연 것 같았다. 그런 태도로선 원하는 방향으로 나아가기가 어렵다. 사는 방법을 알려줬는데 그 방법은 내팽개치고 살겠다는 욕심만 앞세우는 사람을 어떻게 돕겠는가? 이와 같이 사람들은 대개 자기를 돌아보는데 인색하다. 나는 다시 한 번 강조하는 수밖에 없었다.

"병이 어떻게 나에게 왔는가? 그 경로를 잘 살펴보시란 말입니다."

그러고 나서 나는 돌아왔고, 그로부터 3개월 뒤, 포도밭 사나이는 숨을 거뒀다. 그의 나이 60세였다.

이 글을 처음 시작할 때 나의 의도는 죽음에도 때가 있다는 사실을 알리려는 것이었다. 그런데 그 의도를 드러내기가 무척 힘들었다. 위 포도밭 사나이의 경우 연모하는 여인을 붙들려는 노력이 그의 생명줄이었는데, 그 목표를 성취하자 긴장의 끈이 풀리면서 그 동안 자기도 모르는 새, 키워왔던 병이 때맞춰 밖으로 드러난 경우이다.

그걸 표현하고자 했는데 내 아무리 보아도 이 글은 실패한 모양새이다. 하여튼 나는 독자에게, 지금 자신이 할 일이 있고, 하고자 하는 일이 있고, 돌봐야 하는 사람이 있다면, ─설사 그런 일들이 자신에게 무척 부담을 줄지라도─ 그것은 자신의 생명을 이어주는 복된 행위임을 눈치채달라는 말을 하고 싶은 것이다.

이 세계는 할 일이 있는 자는 살리고 할 일이 없는 자는 죽인다. 하늘은 큰일을 맡길 사람에게 시련을 준다는 맹자의 말도 긴장이 곧 생명임을 강조한 말인지 모른다.

그리고 진짜로 조금씩 다르긴 하지만 죽음에도 때가 있다. 그래서 내가 아는 때를 맞춘 죽음 몇 가지를 간략하게 소개한다.

1. 목련존자의 어머니 청제부인은 자신이 아들에게 거짓을 말하면서도 큰소리를 쳤다.

"내가 만일 너에게 거짓말을 한다면 오늘부터 일주일 안에 죽어 지옥에 떨어질 것이다."

그렇게 말하고 난 며칠 뒤, 청제부인은 돌연 쓰러져 아픔을 호소하다가 숨졌다. 그리고 지옥으로 갔다.

2. 나의 6촌 형님은 장가를 다섯 번이나 갔다. 밀짚모자를 만드는 기술이 뛰어나서 돈을 많이 만졌다. 그런데 술을 너무 좋아한 나머지, 맞이한 배필마다 전부 도망을 갔다. 술을 마시면 정신을 잃을 뿐이지, 남을 해코지하거나 주정을 부리는 법은 없었다.

하지만 이상하게도 형 곁에서 여자들은 오래 견뎌내지 못했다. 마지막 다섯 번째 아내가 떠날 무렵엔 중국에서 모자가 수입되는 바람에 생계수단까지 끊겼다. 그래서 집까지 팔아 술을 마셨다.

내가 밥을 차려주면 밥이 모래알 같다며 외면했다. 매일 소주만 마시다가 52세에 세상을 버렸다. 마지막 아내의 가출, 중국산 모자수입과 때를 맞춘 죽음이었다.

3. 내 친구 정한이는 부잣집 아들에다 만능 재주꾼이었다. 노래도 잘하고, 공부도 잘하고, 농사일도 잘했다. 게다가 장고, 꽹과리를 다루는 데는 귀신이었다. 키도 크고 인물도 잘 생겼다. 말은 또 얼마나 청산유수인지 정한이 앞에 있으면 누구든지 웃음이 떠날 새가 없었다.

그는 내게 늘 '어른이 되면 같이 살자'고 입버릇처럼 말하곤 했다. 그는 모든 것이 여유로웠다. 주변 환경도 그랬지만 그는 행동까지 느긋했다. 그런 그를 나는 항상 닮고 싶어 했다.

하루는 용규라는 친구와 둘이 맥주 한 박스를 사들고 우리 집으로 왔다. 우리는 밤새도록 함께 술을 마셨다. 새벽이 되자, 정한이가 가야할 데가 있다면서 자리에서 일어났다.

"니, 어데 가는데?"

내가 다그쳐 묻자 정한이가 대답했다.

"오늘 논산훈련소 입대아이가. 지금 가야 시간이 맞다. 노니 장독 깬다고, 내 군에서 잘 놀다 오마."

용규와 나는 어안이 벙벙해 무슨 말을 할지 몰랐다. 잘 갔다 오라는 말밖에 달리 무슨 말을 하겠는가? 그리고 정한이는 새벽과 춤추며 길을 떠났다. 그게 마지막이었다.

군에서 자대배치를 받은 정한이는 한 날, 비상이 걸렸는데 한가롭게 빨래를 하다가 느긋하게 내무반에 들어섰다. 내무반에 들어서는 그의 명치에 소대장의 주먹이 휙 날아들었다. 정한이는 주먹 한 방에 그 자리에서 바로 숨을 거뒀다.

군대 일이라 잘은 모르지만 그의 여유 만만한 성격이 자신을 죽게 했을 것이란 게 나의 추측이다. 긴장의 연속인 신병생활과 그의 성격은 상극이었고, 이 세계는 그것을 때맞춰 분리해 버린 것이다.

4. 삶에 대해 알 건 다 알았다. 이제 죽음에 대해 알 때이다. 제자들에게 방해하지 말라는 부탁을 하고 소크라테스는 독약을 마셨다. 그리고 그는 침대에 누워 죽음이 무엇인가를 찾았다.

"발이 마비되기 시작한다. 그러나 나는 그대로이다. 무엇 하나 없어진 것이 없다. 나의 존재에 대한 감각도 전과 조금도 다르지 않다.····내 다리가 죽었다. 그러나 나는 그대로이다. 나 자신은 조금도 변하지 않았다. 나는 모두 그대로이다.…나의 위장이 마비되었다. 그리고 손에 감각이 없다."

소크라테스는 매우 흥분해 있었고 황홀해 보였다. 그는 또 말하였다.

"나는 그대로이다. 무엇 하나 없어진 것이 없다.…잠시 후에는 나의 심장도 멈출 것이다. 그래도 나를 빼앗아 갈수는 없다.…내 손이 갔다. 지금 심장이 약해지고 있다. 이것이 마지막이 될 것이다. 혀가 마비되고 있다. 기억하라. 나는 아직도 모두 그대로이다."

소크라테스는 죽을 때에 죽으면서 죽음은 죽지 않는 것이 죽음이란 걸 알고 죽었다.

5
나를 몽땅 바쳐라

물에 물결이 친다고 물은 물이 아니지 않고
거울이 흐리다고 거울은 거울 아닌 것이 아니다.
마음도 이와 같아
때 낀 마음도 마음은 마음인 것이다.
그러므로 즐거움이 좋다고 따라가지 말고
괴로움이 싫다고 피하지 말라.
즐거움도 괴로움도 그대로 두면 평온에 이른다.
달리 말하면
고요함과 시끄러움을 분별하지 말고
밝음과 어둠을 구분 짓지 말라.
마음도 이와 같아
맑음을 구하면 도리어 흐려진다.
그러므로 즐거움과 괴로움을 따로 여기지 마라.
즐거움도 괴로움도 둘 다 열반의 꽃이다.

내가 들은 첫 법문

　스승이 진리의 가르침을 말씀해주시는 것을, 그 말씀을 듣는 입장에서 법을 청해 듣는다고 하여 '법문(法聞)'이라고 하고, 말씀하시는 스승의 입장에서 법을 말한다고 하여 '설법(說法)'이라고 한다.
　그런데 우리는 보통 그 말의 뜻을 구분 짓지 않고 입에 익은 대로 사용한다. 불가에서는 대개 법문이라는 말을 통용하는 편이다. 내가 법문이라는 단어를 처음 들었을 때, 나는 그 뜻을 아예 몰랐다.

　그러니까 내가 팔공산에서 움막생활을 하기 전에, 나는 지리산에서 한 스님을 모시고 사는 기회를 가졌다. 출가 전이라서 불교에 대해 아무것도 몰랐을 때였다. 한참 방황하던 나를 어떤 아주머니가 지리산의 서진암으로 이끌어주셨다.

길에서 처음 본 나에게 그 아주머니는 이렇게 말했다.

"학생, 내가 아는 스님 한 분이 지리산에 계시는데, 그 스님이 글자를 몰라. 학생이 거기 가서 스님 편지도 써 주고, 책도 읽어드리고 하면 안 되겠나?"

나는 그 요청을 바로 수락하였고, 나와 성노스님의 동거가 시작되었다. 성노스님은 열반하신 통도사 경봉스님의 제자로서 서진암에서 12년째 칩거 중이었다. 그 분이 살아온 기구한 사연은 여기서 밝히기엔 너무 길다.

스님께선 앉으나, 서나, 누우나 '이뭐꼬?'만 외고 계셨다. 늘 입으로 '이뭐꼬?, 이뭐꼬?…'하고 계시기에 하루는 내가 물었다.

"스님, 이뭐꼬?가 뭡니까?"

"화두 아이가."

"화두가 뭔데요?"

"공부하는 거다."

스님께서 명쾌한 대답을 하신 것은 분명하지만 '화두'라는 말을 처음 듣는 나로서는 이해하기가 어려웠다. 그 때 나는 바보같이 글자를 모르는 스님에게 학문적 이해를 구했던 것이다. 그냥 그대로 알아들으면 될 것을….

서진암이 자리한 산은 깊고 높았다. 인적은 끊어지고 나무와 산새들이 친구였다. 스님과 나는 형, 아우처럼 지냈다. 같이 나무를 하고 약초도 캤다. 나 혼자 하는 일은 스님의 공양을 차리는 것과 일주일에 한번 아랫마을 우체국에서 우편물을 찾아오는 것이었다.

어느 날, 스님이 내게 말했다.

"석아, 내가 법문 한 개 해 줄까?"

그때 나는 법문이란 말을 태어나서 처음 들었다. 참, 스님이 부른 석이는 내 속명(俗名)이다. 그래서 내가 물었다.

"법문이 무엇인데요?"

"들어보면 안다. 옛날에 한 스님이 이런 암자에 살면서 하루도 안 빠지고 탁발을 나간 거라,"

"탁발이 뭡니까?"

"너는 스님들 목탁 치며 쌀 빌러 다니는 것 못 봤나? 그게 탁발이다."

"아, 예. 그래서요?"

"그 스님은 탁발을 갔다 오면 항상 거둬온 쌀을 제일 먼

저 부처님께 올렸지. 비가 오나, 눈이 오나, 스님은 탁발
을 다녔지. 하루는 쌀을 한 바랑 짊어지고 끙끙대며 암
자로 돌아오는데, 외진 길에서 칼을 든 도적을 만난 거
라, 그 도적이 하는 말이…,

'야, 이놈. 중놈아, 그 쌀자루를 내 놔라. 칼로 쳐 죽이
기 전에….'

그러자 스님이 그 도적에게 말했지.

'쌀을 드리지요. 그런데 저를 따라오시지요. 먼저 부처
님께 공양을 올린 뒤에 이 쌀을 다 드리겠습니다.'

그랬지. 그러자 도적이 화를 벌컥 내며 소리를 질렀어.

'이 미친 중을 봤나. 당장 자루를 내 놔라. 아니면 네
목을 칠 것이다.'

그래도 스님은 뜻을 굽히지 않고 말했지.

'목을 쳐도 그럴 수 없습니다. 먼저 부처님께 바치고 드
리겠습니다.'

어쨌는지 아나? 도적이 칼을 번쩍 들어 치켜세우면서
하는 말이,

'후회가 없으렷다. 이래도 내놓지 않겠느냐?'

'안됩니다. 죽어도 부처님께 먼저 바쳐야겠습니다.'

'그래? 그럼 어디 죽어봐라!'

그러면서 도적이 칼로 스님의 목을 내리쳤지. 그 순간 스님은 대오를 했어. 깨달아 부처가 된 게지. 도적은 스님의 신심을 시험하러온 신장이었던 게야. 재미있지?"

성노스님이 말씀을 마치며 씩 웃었다.

"예. 스님, 재미있습니다. 그런데 그게 법문입니까?

"그래. 이게 법문 아이가."

"그러면 법문 자주 좀 해 주이소."

그때부터 나는 법문이란 스님들이 하는 옛날이야기로만 알았다. 이후로 나는 성노스님의 법문을 여러 차례 청해 들었다.

지리산 서진암은 나의 출가원찰이고, 성노스님은 나의 진정한 은사였다. 나중에 나는 동화사로 정식 출가한 이후에 다시 서진암에 살게 된다.

그 이야기는 젖혀두고 내가 들은 첫 법문에 대해 말하려 한다. 단지 옛날이야기로만 담아뒀던 성노스님의 법문을 나는 십 년 뒤에야 사무치게 깨달았다. 깨달은 뒤에야 깨닫는 원리로 말이다.

성노스님은 선각자였다. 그때 스님은 법문을 통하여 나에게, 온전한 믿음과, 온전한 존재의 모습을 보여주려고 했던 것이다. 그런데 나는 어리석게도, 그것을 한낱 옛날이야기로 취급하고 말았다.

법문 속의 탁발스님은 목숨을 내놓으면서까지 부처중심의 생활을 지켰다. 지금까지 내가 써온 글의 내용인 믿음, 사랑, 바른 생각, 적절한 때를 아는 것 등이 탁발스님의 태도 속에 모두 들어 있다.

그 모습은 '나는 없고 부처님만 계십니다.' 라는 말로 나타낼 수 있다. 모름지기 깨달은 자의 삶이란 그렇다. 이 세계의 운행 속에 온전히 자신을 맡겨버려 내 생각을 내세우지 않는다. 지금껏 써내려온 모든 글의 고갱이이다. 그러면 이 세계의 법이 알아서 한다.

그래서 부처와 같은 뜻의 다른 말인 〈법〉의 범어인 다르마(Dharma)는 바르고 곧고 흠이 없으며, 완화하고 치료한다는 의미를 지니고 있다. 한 마디로 말하면 '온전함'이 된다.

한자어인 법(法) 또한 마찬가지로 같은 뜻을 지닌다. 법(法)은 물 수(氵)+갈 거(去)로 이루어져 직역하면 '물이 흐른다.'는 말이다. 물은 때로는 부드럽게, 때로는 거칠게, 만물을 생장시키기도 하고 죽이기도 한다. 완화하고 치료한다고 해석하는 다르마와 그 의미가 똑같다.

지금 이 순간에도 이 세계는 비 내릴 데 비 내리고, 햇볕 쬘 데 햇볕 쏘며 만상을 제자리로 돌리는 작업을 하고 있다.

자기를 낮추고 이 세계가 쏟아내는 법문에 귀를 기울여 보라. 그리고 진정으로 우리가 삶 가운데에서 우선시해야 할 게 무엇인가를 살펴보라.

기독교도라면 하나님을, 이슬람교도라면 알라신을, 불자라면 부처님을, 자기의 삶에서 최우선으로 삼아야 할 것이다. 그들은 모두 진리라는 한 모습의 다른 이름이다.

이 세계는 그토록 오밀조밀 우리를 품에 안으려 애쓰는 것이다. 그 사랑을 외면하지 말고 그 사랑 속에 자기를 풍덩 빠뜨려라. 그것이 존재와 만나는 유일한 길이다.

부디 그래 봐라. 우리는 그저 맡겨만 놓으면 된다. 무슨 고민이 있을 턱이 없다.

동굴의 신장(神將)

경남 양산 천성산에는 적멸굴이 있다. 8부 능선에 있는 바위굴로 깊이가 10미터 남짓한 작은 굴이다. 굴 안쪽에는 샘이 있어 항상 맑은 물이 찰랑찰랑하다. 굴 앞에는 푸른 대숲이 우거져 바깥에서 보면 굴이 있는 줄 잘 모른다. 굴 바로 앞, 오른쪽 비탈에 오래된 돌배나무 한 그루가 서 있다.

신라의 원효대사, 조선의 최재우 등, 많은 수행자들이 이곳을 거쳐 간 덕분으로 굴 바닥은 평평하다. 동굴 벽이 검게 그을려 불 땐 자국이 난 것으로 보아 구들장치가 돼 있을 것 같은데, 도대체 아궁이의 흔적은 찾을 수가 없다.

늦가을 무렵, 나는 겨울 한철을 나기 위해 적멸굴로 왔다. 내가 도착했을 때, 동굴 입구 돌배나무엔 아기주먹

만한 열매가 주렁주렁 달려 노랗게 익어가고 있었다.

나는 굴 속 샘가에서 마른 목을 축이고 제일 먼저 신고식을 행했다. 향을 사르고 촛불을 댕겼다. 그리고 넙죽 큰절을 올리고 나서 크게 외쳤다.

"동굴의 신이시여, 소승이 겨울 한철을 이곳에서 나고자 합니다. 부디 보살펴 주옵소서."

불교에서는 불법을 수호하고 수행자와 도량을 보호하는 임무를 띤 신의 무리가 있는데, 이를 신장(神將), 또는 신중(神衆)이라고 부른다.

나는 그들의 존재를 인정하기에 앞서, 길가에 구르는 돌멩이조차 자기 나름의 기운을 가지고 있으므로 모든 사물을 존중해야 한다는 견해를 지니고 있었다. 그래서 동굴의 신장을 향해 신고식을 행한 것이다.

그 다음에 나는 동굴 안에다 집을 지었다. 동굴 입구가 확 트여 집을 짓지 않고선 겨울나기는 엄두도 낼 수 없다. 집이라야 대나무를 엮어 세워 내가 미리 가져간 비닐을 덮은 것이 전부이다. 그래도 집을 완공하고 보니 안은 바깥보다 몇 배나 훈훈했다.

나의 적멸굴 수행이 시작되었다. 저녁에 콩을 섞은 쌀 한 주먹을 미리 물에 불려놓는다. 아침에 먹을 식사를 위해서이다. 나는 하루 중에 생식으로 아침 한 끼만 먹었다. 불린 생쌀에 솔잎과 소금 몇 조각을 곁들어 씹어 먹었다. 항상 배가 고팠지만 나는 견뎠다.

며칠 뒤, 익은 돌배를 수확했는데, 얼마나 많은지 한 자루는 넘지 싶었다. 나는 그것을 동굴 안 바위 위에 수북이 쌓아두었다. 하루에 두 개씩만 먹었는데, 그것은 나에게 지상 최고의 간식이었다.

하루 24시간 동안, 나는 솔잎을 따러 다니는 시간을 빼고는 앉아서 보냈다. 장좌불와(長座不臥)를 실천하기로 마음먹은 것이다. 날이 갈수록 배고픔은 덜했다. 내가 먹는 식사량에 위장이 차츰 적응한 탓이다.

생식을 한 처음 며칠간은 설사만 좔좔하다가 나중에는 염소 똥 같은 변이 나왔다. 2주가 지났을 때는 1주일에 한번만 변을 봐도 불편함이 하나도 없었다. 진짜 괴로운 것은 따로 있었다.

바로 추위였다. 비닐로 바람이 들어오는 모든 틈을 막았지만 소용없었다. 바닥에서부터 올라온 냉기는 나의 무릎을 얼렸다. 바닥에 건초를 깔고 자리를 덮었는데 그래도 추워 나는 더 많은 건초를 깔았다. 거기에 겨울누비를 입고, 가사까지 덮어야 겨우 밤을 보낼 수 있었다.

하지만 아침이 되면 그도 소용이 없어 나는 햇살이 드는 좌선바위에 나가 앉았다. 추위를 겪어본 사람은 알겠지만 하루 중 해가 뜨기 직전만큼 추운 시간은 없다. 나는 그 시간에 설탕에 절인 솔잎을 끓여 차로 마시며 추위를 달랬다. 11월에 들어 그랬으니 남은 겨울을 보낼 일이 걱정이었다.

아무래도 비닐 위에 덮을 보온덮개를 마련해야 할 것 같았다. 그리고 바닥에 스티로폼을 깔면 얼마나 따뜻할까? 하는 생각을 하니 절로 즐거움이 솟아올랐다. 그러나 불행하게도 나에겐 그 물건들을 살 돈은 고사하고 양산까지 나갈 차비도 없었다.

나는 견뎌야 했다. '무릎이 얼어 에어내도 불 생각을 하지 말고, 주린 창자가 끊어져도 밥 생각을 내지 말라'고 말씀하신 분이 바로 이 적멸굴에서 수행하신 원효대사가 아니신가. 나는 그렇게 생각을 다지며 정진의 고삐를 늦추지 않았다.

나의 마음은 쾌청하였고 아랫배엔 힘이 불끈 솟았다. 천성산의 열두 봉우리가 내가 되고, 내가 열두 봉우리가 되어갔다. 그리고 매일 아침저녁으로 동굴의 신장에게 인사드리는 일을 빼먹지 않았다.

"동굴의 신이시여, 잘 주무셨는가?"

항상 대답은 없지만 동굴의 신장과 나는 어느새 친구 사이가 되어 갔다. 하루는 아침에 내가 솔잎차를 마시며 추위를 녹이다가 동굴의 신장에게 말했다.

"동굴의 신이시여, 내가 너무 추워 불편하니 동굴 속에 들어오는 찬바람 좀 막아주소."

물론 동굴의 신장은 아무 대답도 하지 않았다. 그런데 그날 이상한 일이 일어났다. 거의 한 달 동안 아예 인적이 없던 동굴에 예순 살쯤 되어 보이는 부부가 찾아와 내게 인사를 올렸다.

"스님, 고생이 많으십니다."

"아, 예. 어서 오십시오."

나는 힘들게 올라온 그들을 반갑게 맞이하며 동굴 안 샘물을 마시라고 권했다. 마땅히 대접할 것이 없어 나는 돌배 두 개를 내놓았다. 그런데 그들은 그걸 너무 떫다고 몸서리를 치며 제대로 먹지 못했다. 그래서 솔잎차를 끓여 주었더니 아주 맛있다고 감탄을 하며 홀짝홀짝 마셨다. 남자가 내게 말했다.

"스님, 정말 고맙습니다. 저희는 천리교 신자인데 이곳이 저희 창종 교주님의 수도성지라서 한번 들러 봤습니다. 스님이 이렇게 수도하고 계신 모습을 보니 정말 기분이 좋습니다."

"아, 그래요. 저도 두 분의 다정한 모습을 보니 기분이 좋습니다."

우리는 서로 웃었다. 그들은 자리에서 일어서면서 하얀 봉투 하나를 땅바닥에 살며시 내려놓았다. 그를 본 내가 물었다.

"봉투는 왜 거기다 두고 가십니까?"

"아, 예. 스님께 드리는 겁니다."

그렇게 말하고 인사한 뒤, 그들은 산을 내려갔다. 나는 그들이 두고 간 봉투 속에 천리교 포교문서가 든 줄 알고 예사롭게 그냥 두었다. 전에도 부산역에서 천리교 포교사로부터 그런 봉투를 받은 경험이 있어서였다.

그런데 한참 뒤에 그걸 열어봤더니 그 속엔 돈이 들어 있었다. 그것도 적은 돈이 아닌 거금 20만원을 넣어둔 것이다. 나는 깜짝 놀랐다. 호주머니에 늘 5000원, 만원 넣고 다니는 나에게는 거금이 분명했다. 나는 환호성을 질렀다.

"와! 동굴의 신이시여, 당신이 저들을 불러 주셨군요."

다음날, 나는 양산읍내로 내려가 보온덮개와 스티로폼을 구입해 왔다. 동굴 속 나의 집이 겨울나기를 위한 완전무장을 하게 된 것이다. 따뜻했다.

그때부터 나는 동굴의 신장에게 더욱 깍듯이 대했다. 솔잎을 따러 가도 '다녀오겠습니다.' 좌선바위로 자리를 옮길 때도 '나중에 뵙겠습니다.'라며 일일이 보고를 했다.

하지만 내가 다음 해, 정월 보름이 지나 하산할 때까지 전처럼 동굴의 신장에게 요청하는 일은 한 건도 없었다. 정진하는데 불편함이 없었기 때문이다.

나는 아직도 그때 추위에 떠는 나를 동굴의 신장이 도와주었다고 굳세게 믿고 있다. 그래서 지금 나는 밥을 먹는 숟가락 하나에서부터 법당의 부처님을 모시는 일에 이르기까지 소홀함이 없게끔 조심조심하며 살아가고 있다. 이러한 일이 수행자가 정진할 바이며, 그것이 깨달은 자의 특성임을 나는 적멸굴에서 터득했다.

어떤 사람은 이런 나의 행동을 신비주의와 결부시킬 수도 있다. 그러나 눈에 보이건, 눈에 보이지 않건, 내 생각이 일으키는 것은 나와 마주치는 상대가 분명하고, 시시각각 나와 마주치는 상대를 스스로 존중하는 것이 신비주의가 될 수는 없다.

그러한 존중이 크고 깊을수록 이 세계는 그런 사람의 머리를 쓰다듬게 되어 있다. 눈에 보이지 않는 존재라도 존중하면 감응을 한다는 말이다. 물론 배척해도 그에 맞게 감응을 하겠지만….

"와! 동굴의 신이시여, 많이 보고 싶소이다."

그 여자가 사는 방식

그녀는 일을 하지 않는다. 협심증이 심해 일을 할 수 없기 때문이다. 남편은 사업에 실패하더니 집 나가서 10년이 넘도록 돌아오지 않는다. 딸 둘이 있는데 하나는 중3이고, 하나는 고3이다. 생활비며, 학비며, 들어가는 돈은 빤한데 수입이 하나도 없으니, 옆에서 보면 저 집은 어떻게 사나? 싶다.

그 사정을 잘 아는 통장은 그 집 앞을 지날 때마다 혀를 끌끌 찬다.

"쯧쯧, 그놈의 자식, 이혼이나 해주고 사라지던지…."

그녀의 남편을 두고 하는 말이다. 남편이 없으면 수급자로 지정되어 그나마 숨통이 트일 것이란 게 통장의 생각이다. 하지만 그녀를 보는 순간, 통장은 그 생각이 공연한 기우임을 깨닫는다.

"통장님, 안녕하세요?"

마당에서 손을 흔들며 인사하는 그녀의 표정은 얼마나 밝은지 빛이 난다. 도무지 아픈 사람 같지 않다. 그러나 통장은 그가 환자라는 사실을 잘 안다. 한번은 주민세 고지서를 전해주려 갔다가 거실에 쓰러져 있던 그녀를 병원으로 옮기기까지 했던 것이다.

통장도 함께 손을 흔든다. 그녀를 보면 덩달아 표정이 펴지는 것 같아 기분이 좋다. 그녀의 딸들도 보면 그렇다. 구김살 하나 없이 얼마나 밝게 자라는지 통장은 늘 신통할 지경이다. 그래서 요즘 통장은 그 집을 지날 때면 은근히 경외심마저 품는 것이다.

그런데 사실, 통장이 그 집에 대해 가장 궁금해 여기는 것은 바로 수입이다. 먹고 살려면 돈이 있어야 할 텐데, 그 돈이 어디서 생기는지 도통 알 수가 없는 것이다.

가만히 보면, 여느 이나 마찬가지로 그녀도 쓸 데 다 쓰며 살고 있는 것이다. 그래서 길에서 아이들과 한 번씩 마주치면 슬쩍 물어보기도 했다.

"엄마는 지금 뭐 하시니?"

몇 번 그렇게 물었는데, 아이들 대답은 한결같았다.

"우리 엄마, 공부하고 계시는데요."

"무슨 공부?"

"우리도 몰라요."

그녀가 무슨 공부를 하는지 통장은 참으로 궁금했다. 번역 일을 하나? 논문 대필을 하는 건 아닐까? 통장은 벌이와 연관된 공부를 이것저것 생각해 보았지만 결론을 지을 수가 없었다.

그렇게 궁금해 여기던 차에 한번은 정수기 아줌마가 통장 집에 와서 그녀 얘기를 했다.

"우와! 그 아줌마, 대단하던데요. 20년 동안 밤낮으로 앉아 명상만 했데요."

통장도 다니는 절, 스님에게서 명상이란 말을 들은 적이 있지만 그게 뭐, 돈이 되는 것도 아니지 않은가? 그러나 일단 그녀가 무슨 공부를 하는지는 알아낸 셈이었다. 그런데 그것은 통장이 알고 싶은 핵심이 아니었다. 그래서 통장은 정수기 아줌마에게 물었다.

"그래, 그 아줌마는 뭘 해서 먹고 산데요?"

그러자 정수기 아줌마는 말을 좔좔 쏟아내었다.

"안 그래도 저도 그게 궁금해서 물어보았죠. 내가 뭐로 먹고 살아요? 하고 물었더니 글쎄, 부처님이 쌀 주고 돈 주고 다 하니까 자기는 아무 걱정이 없데요.

그래서 제가 다시 물었죠. 부처님이 어떻게 쌀 주고 돈 주는데요? 그러니까 그 아줌마가 그러는데, 뭐라고 하더라? 아, 맞다. 부처님 믿는다면서 성경 말씀을 하는 거 있죠.

그러니까…, 하늘을 나는 새는 먹고 마시고 입을 것을 걱정하지 않는다. 그러면서 날 보고 살면서 걱정 같은 거 하지 말라고 하데요. 걱정하지 않으면 저절로 돈이 굴러들어 온다나요. 통장님은 이해가 되세요?"

"아, 예. 좀 헷갈리네요."

사실 통장도 얼른 이해할 수가 없었다. 그렇지만 그녀를 볼 때, 자기도 모르게 경외심이 일어나던 까닭을 알 것 같았다.

그러고 보니, 통장이 자기 절의 스님을 대할 때와 그녀를 보는 느낌이 흡사한 것 같았다. 말로써 표현하기가 어렵지만, 도 닦은 사람한테서 풍기는 어떤 향기라고나 할까? 아마, 그럴 것이라는 생각이 들었다.

그러고 나서 한 달이 흘렀다. 하루는 정수기 아줌마가 헐레벌떡 뛰어와 숨을 헉헉거리며 말했다.

"통장님, 내가 알았어요. 그 아줌마가 뭐로 돈 버는지 알았다고요."

그 말을 듣고 통장은 짐작을 하면서도 시치미를 떼고 되물었다.

"어느 아줌마가요?"

"아, 그 명상 아줌마 있잖아요. 그 아줌마가 알고 봤더니 전국적으로 유명한 사람이더라고요."

"그게 무슨 말씀이세요?"

"그 아줌마가 글쎄, 컴퓨터로 무료상담카페를 운영하는데 카페회원이 만 명이나 된데요. 그러니까 전국적으로 유명한 사람이지요."

"아, 그래요. 그런데 무료라면서요. 돈 버는 건 아니잖습니까?"

"하 참, 통장님도 머리가 안 돌아가시네요. 아무리 무료라고 하지만 덕 본 사람들이 가만있겠어요. 후원이라고 하는 게 있잖아요. 만 명이 천 원씩만 내도 천만 원이라고요."

통장은 그제야 고개를 끄덕였다.

그녀는 여름만 되면 반은 죽어 있다. 협심증이 한 번 발발하면 사지를 움직일 힘이 없다. 호흡하기조차 힘들어 연방 쌕쌕 숨을 몰아쉰다. 그것이 그녀를 공부하게 만들었다.

그녀는 벌써 죽었을 목숨을 명상을 통하여 극복했다. 위 이야기대로 그녀는 20년 동안 주야로 잠을 잊은 채 공부했다. 명상을 통해 부처님을 만났고 자기 몸에 병마가 어떻게 왔는지도 알았다.

지금도 그 병마를 달래면서 살고 있다. 그러면서 그녀와 같이 아파하는 사람들을 도와주고 있다. 깨달은 자의 삶을 살고 있는 것이다.

그녀는 20년 전부터 내가 잘 아는 보살이다.

바가지가 그 바가지

만날 집만 지키던 개 한 마리가 어느 날 물가로 갔다. 물가에 서서 물끄러미 물속을 들여다보던 개가 깜짝 놀라 뒷걸음질을 쳤다. 물속에서 웬 개 한 마리가 자기를 쳐다보고 있었기 때문이다. 그 개는 물속에 비친 제 모습을 생전 처음 보았던 것이다.

'저놈은 누구지?'

개는 고개를 갸우뚱거리며 다시 물가로 다가가 물속을 보았다. 여전히 그놈이 있었다. 자기를 쳐다보는 모습이 자기처럼 심각했다. 가만히 있으면 안 될 것 같았다.

"왕왕!"

크게 짖으니 그놈도 따라 짖는 것 같은데, 소리는 들리지 않는다. 그리고 자기를 두려워하는 기색이 전혀 없다. 그래서 이번에는 무섭게 이빨을 드러내보였다. 그놈도 똑같이 이빨을 드러내며 위협했다. 개는 은근슬쩍 겁이 났다.

"왕왕!"

이번에는 허공을 향해 더 크게 짖었다. 하지만 그놈은 물속에 그대로 있었다. 그놈이 물 밖으로 나와야 어떻게 해 볼 텐데, 물속에서는 아무래도 자기가 승산이 없을 것 같았다. 그래서 슬그머니 뒷걸음쳐서 집으로 돌아왔다. 그놈은 따라오지 않았다.

'그놈이 누구지?'

집에 돌아온 개는 계속 그 녀석을 생각했다. 이상하게도 그놈 얼굴이 뇌리에서 지워지지 않았다. 어디서 본 것도 같은데, 도무지 생각이 나지 않았다.

'내일은 물속에 뛰어들어서라도 따지든지, 한 판 붙든지 해야겠다.'

개는 단단히 각오를 다지며 그날 밤을 보냈다.

아침이 왔다. 하늘은 높고, 햇살은 눈부셨다. 개는 주인이 주는 밥 한 그릇을 뚝딱 비워 속을 든든히 챙겼다.

"누렁아, 집 잘 봐라."

"왕."

개는 들녘에 일 나가는 주인을 안심시켰지만 생각은 물가에 가 있었다. 주인의 뒷모습이 사라지자 개는 쏜살같이 물가로 갔다.

어제 그 장소에 여전히 그 녀석이 있었다. 개는 그놈을 노려보았다. 그러자 그놈도 자기를 노려보았다.

"왕왕, 왕왕!"

개는 그놈을 향해 고개를 젖히며 물 밖으로 나오라는 신호를 보냈다. 그런데 그 녀석은 반대로 물속으로 들어오라는 고개 짓을 했다. 개는 용기를 냈다.

'짜아식이, 들어오라면 못 들어갈 줄 알아!'

개는 그놈을 향해 풍덩 물속으로 뛰어들었다. 한데, 물속에 뛰어들자 그놈은 사라지고 없었다. 헤엄쳐 물 밖에 나오면 또 그놈은 물속에 있었다.

'이 짜아식이 나를 놀리나.'

개는 또 물속으로 뛰어들었다. 그러나 그놈은 또 사라졌다. 그래서 또 뛰어들었다. 또 사라졌다. 하루 종일 그놈과 씨름했지만 그놈의 꼬리도 건드리지 못했다. 개는 기진맥진해 져서 집으로 돌아왔다.

'도대체 그놈이 누구지?'

그 생각이 개의 뇌리에서 떠나지 않았다. 종일 차가운 물에 뛰어든 탓일까, 몸이 으슬으슬 추웠다. 밤새도록 끙끙 앓았다.

'그놈이 누구지?'

몸이 아파도 그 생각은 그대로 머릿속을 빙빙 돌았다. 밥도 먹을 힘이 없어 밥그릇에 주둥이를 들이댔다가 도로 주저앉고 말았다.

"이놈이 뒈질라 하나? 왜 밥을 안 처먹나."

주인의 핀잔도 귀에 들어오지 않았다. 생각은 하나뿐이었다.

'도대체 그놈이 누구지?⋯⋯.'

그렇게 며칠이 지난 어느 날이었다. 주인이 주는 누룽지 죽을 억지로 먹고 기운을 차렸다. 빨리 몸을 회복해서 물가로 갈 작정이었다. 하지만 아직 몸이 찌뿌드드하여 땅바닥에 주둥이를 처박고 집을 지키고 있었다.

가을이 깊었는지 서늘한 바람이 슬렁슬렁 불었다. 그때, 부엌문 앞에 놓인 물독 위를 떠다니는 바가지가 개의 눈에 들어왔다. 주인이 물독에 물을 가득 채워 놓았는지, 바가지는 물독을 넘을 듯 말 듯 바람에 나긋나긋 춤추고 있었다. 개는 그 모습이 매우 재미있었다.

개는 그 광경을 좀 더 가까이서 보려고 몸을 일으켰다. 잠시 망설이긴 했지만 용기를 내어 물독 옆으로 다가갔다. 전에 물독에 주둥이를 들이대려다가 주인한테 되게 걷어차였던 것이다. 하지만 지금 집안에는 아무도 없지 않은가.

물 위에 떠, 바람에 덩실덩실 춤추는 바가지를 유심히 지켜보던 개는 물속에서 거꾸로 뒤집혀 춤추는 또 하나의 바가지를 보았다. 아무리 봐도 그 바가지가 그 바가지였다.

그 순간, 뭔가 번개같이 스치는 생각이 있어 덥석 바가지를 물어 치켜들었다. 아니나 다를까, 물독 속에는 바가지를 입에 문 그놈이 들어 있었다. 이번에는 놀라지 않았다. 오히려 웃음이 나왔다.

'그 바가지가 그 바가지고, 그놈이 이놈이구나.'

개는 한나절 내내 가을바람을 만끽하며 마당을 뒹굴었다. 밤송이가 한껏 벌어지고 있었다. 속이 발갛다.

그렇다. 나는 속이 발갛다. 이 얘기를 통하여 독자에게 나는 나의 최후송(最後頌)을 전하고 싶은 것이다. 지금까지 어쩔 수 없이 〈세계〉라는 상대를 두고 글을 전개해 왔지만 그 세계는 사실, 위의 얘기처럼 내가 비춘 그림자에 불과하다.

〈나〉라는 녀석은 마주치는 어떠한 대상과도 분리될 수 없다. 유형(有形), 무형(無形)으로 오고가는 모습에 차이가 있다뿐이지, 나는 나의 상대와 끊임없이 교유하고 있다.

동굴의 신장이 곧 나이고, 내가 곧 동굴의 신장인 것이다. 부처도, 하나님도, 나를 떼놓은 부처와 하나님은 있을 수 없다.

하지만 그 〈나〉는 나 없는 〈나〉가 되지 않으면 안 된다. 내 원칙이 없는 나, 내 주장이 없는 나, 내 판단이 없는 나, 내 의지가 없는 나, ……그런 순수의 모습으로 돌아가지 않으면, 부처고, 하나님이고, 이 세계고 간에, 대상과 나는 분리될 수밖에 없다.

그러니까 지금껏 이 책의 흐름을 잡아온 '세계가 알아서 한다.'는 말 속에서 〈세계〉라는 말을 다르게 바꿔줄 필요가 있다. 알아서 하는 주체가 사실, 세계보다 더 넓고 크기 때문이다. 마주치는 모든 대상과 하나 되는 나의 순수가 바로 그것이다.

순수는 곧 완성이다. 완전한 존재이다. 그것은 물들지 않고 부서지지 않으며, 늘거나 줄지 않으며, 태어나거나 죽지 않는, 있는 그대로이다. 비유하여, 축구공 속에서 활발하게 움직이는 공기 입자가 이 세계라면 축구공 껍데기가 순수이다.

단지 순수와 축구공이 다른 점은, 송곳으로 찌르면 축구공은 구멍이 나지만, 순수는 로켓포를 쏴도 흠 하나 생기지 않는다는 것이다.

그래서 순수는 온갖 것을 받아들인다. 선악미추(善惡美醜)를 따지지 않는다. 길흉화복(吉凶禍福)을 고르지 않는다. 희로애락(喜怒哀樂)에 휩쓸리지 않는다. 시비가 있을 리가 없다. 평화, 그 자체이다.

그런 특징의 순수를 우리는 너, 나 할 것 없이 누구나 지니고 있다. 우리는 늘 낙원 속에 산다. 아니다. 우리가 바로, 낙원 그 자체이다. 소를 타고 소를 찾지 말라.

아직도 그림자를 쫓아다니는 개가 되고 싶은가?

맑은 샘물은 햇살 비추면
그 속까지 빛을 받아먹고
빈 소라껍질은 가는 실바람에도
파도소리를 낸다.

 내가 금강경의 선현기청분(善現起請分)에서 부처님의 삼
매를 눈치 챈 수보리를 두고 한 말이다. 맑아야 볼 수 있
고, 비워야 담을 수 있다. 그런 경지에 이르기 위해서,
우리는 스스로의 눈을 가리고 있는 비늘을 벗겨내야 한
다.
 그 비늘을 벗는 행위가 바로 수행이다. 다음 글 '마하반
야바라밀 통명상'을 실천하여, 모두가 맑은 눈을 회복하
기 바란다. 이 요청이 간절하다.

마하반야바라밀 통명상

처음에 나는 〈마하반야바라밀 통명상〉 —이 주제를 가지고 먼저, 한 권의 책으로 꾸밀 예정이었다. 그런데 그러질 못했다. 왜냐하면 나의 또 다른 발상이 그것을 막았기 때문이다.

명상법의 차례를 구상하다가, 나는 콘크리트 속에서 기적같이 자라나는 바래기풀을 본 것이다. 그것을 본 순간, 나는 존재를 깨우는 소박한 이야기를 먼저 쓰고 싶었다.

그래서 글쓰기를 작은 기적으로 변경했다. 그리고 나는 나부터 작은 기적을 실천해야겠다고 생각했다.

그것은 애초 계획했던 명상법도 알리고, 따로 책 한권을 만드는데 필요한 아마존의 나무 한 그루도 살려 보자는 착상이었다.

그것은 힘든 일이 아니었다. 처음 책 한권의 분량으로 구상했던 명상법의 내용을 줄이면 되는 일이었다. 그래서 맨 처음 의도와는 달리, 지금 쓰는 이 글이 축소된 내용으로 독자 여러분에게 전달된다는 점을 미리 귀띔해 드린다.

　혹시 부족한 부분이 있다면, 여러분의 성숙한 사고로써 채워주기를 바라는 것이다.

　마하반야바라밀 통명상이란 무엇인가?, 한 마디로 대답하면 **'나의 완전성에 나를 바치는 행위'**이다. 이 명상법은 내가 처음 창안한 것으로서, 그 동안 나와 인연된 많은 사람들이 이를 접하고 효험을 보았다.

　괴로운 마음을 다스렸고, 원하는 것을 얻었으며, 갈등하는 요소들을 제거할 수 있었다. 더러는 영원히 마음의 평온을 얻어 더 이상 세상의 바람에 흔들리지 않는 이도 있다.

　모든 명상이 그러하지만, 이 명상의 궁극적인 목적은 나와 존재가 하나 되어 최상의 평화를 누리는 데 있다. 그러자면 먼저, 이 명상에 대해 충분한 이해가 이뤄져야 한다. 부득이 딱딱한 언어를 쓸 수밖에 없는 점을 널리 헤아려 달라.

1. 명상(冥想)이란 무엇인가? 국어사전에는 '눈을 감고 고요히 생각하는 것'이라며 명상에 대한 풀이를 해놓았다. 이에 대한 논의를 하자면 책 열권으로도 부족하다.

그래서 나는 일방적으로 명상(meditation)에 대한 정의를 내리고자 한다. 명상이란 어떤 대상을 정해두고 그 대상에 정신을 **집중**하는 행위를 말한다.

엄격히 말하면 집중(concentration)이란 말은 명상의 본뜻이 아니다. 사색(speculation)이 오히려 명상의 뜻에 더 가까운 말이다. 그런데 내가 집중이란 말을 쓴 이유는 요즘 명상이란 단어가 불교의 **선(禪)**이란 말과 큰 차별 없이 사용되고 있기 때문이다.

하지만 명상과 선은 분명 엄청난 차이가 있다. 명상은 사고적(思考的)인데 반해, 선은 직관적(直觀的)이다. 또한 명상이 고요를 추구한다면 선은 역동을 추구한다. 그러니까 명상은 그냥 명상이고, 선은 초명상(超冥想)인 것이다.

그렇지만 나는 현재의 흐름을 존중한다. 명상의 본뜻이 그럴지라도 선(禪)과 유사하게 사용되는 지금의 추세를 따르자는 말이다. 그래서 나는 이 글을 읽는 독자가 명상의 의미를 선에 더 가깝게, 또는 선과 일치하는 쪽으로 이해하기를 바란다.

그래서 나는 집중이란 말을 썼다. 집중은 선의 핵심이다. 집중이란, 마음을 한 곳에 모음으로써, 주체(主體)와 객체(客體)의 구분이 사라져 평화로워진 심리상태를 의미한다. 나와 상대가 하나 됨이다.

궁극적으로 만물과 하나 됨을 통하여, 우리는 나누어진 생각이나 행동에 사로잡히지 않고 있는 그대로 존재할 수 있는 것이다. 그 중심에 다시 집중이 있다.

고로 이 글을 읽는 독자 여러분은 '명상이란 올바른 집중을 통하여 마음의 평화를 얻는 행위'로 이해해야 할 것이다.

2. 마하반야바라밀이란 무엇인가? 여기 통명상을 수련하는 이들에게 마하반야바라밀은, 위의 명상에서 얘기한 집중의 대상이 된다. 그래서 우리는 마하반야바라밀의

의미와, 그를 대하는 우리의 태도가 어째야 하는 지를 미리 새겨둘 필요가 있다.

마하반야바라밀은 범어 마하(maha)프라즈냐(prajña) 파라미타(pramita)의 한문 음사어로서 명확한 뜻을 가지고 있다.

〈마하〉는 우리말로 '크다' 는 말로서, 그 크기를 잴 수 없는 광대한 크기를 이름이다. 앞글의 말미에서 내가 축구공의 비유로써, 이 세계를 싸고 있는 순수의 크기를 언급했는데 그것이 마하이다. 그 크기를 알 수 없기에 우리의 마음 또한 마하가 된다.

〈반야〉는 우리말로 지혜이다. 경험으로 얻어 현상의 경로를 판별할 수 있는 그런 지혜가 아니라, 모든 존재와 현상의 배후에서 생성소멸을 제어하는 작용을 이루는 지혜를 말한다.

그 성질은 냉엄하여 살릴 것은 살리고, 죽일 것은 죽이며, 이 세계의 어느 곳이든 그 작용이 이뤄지지 않는 곳은 없다. 그래서 반야를 일러 이미 갖춰져 있는 지혜라고 한다. 범어로 프라즈냐가 된다.

그렇게 〈마하반야〉의 광대한 영역과, 끝없는 활동이 이 세계를 유지시킴으로써, 이 세계는 이미 완성되어 있는 상태인 것이다. 그 완성된 상태를 일러 〈바라밀〉이라고 한다. 범어로 파라미타이다.

그러므로 마하반야바라밀은 '이미 완성되어 있는 광대한 지혜작용'을 지칭하는 말이 된다. 그것을 신성한 거처로 친다면, 본 명상수련자들이 절대적으로 전념하고 집중해야할 장소가 마하반야바라밀이다. 그 곳은 또한 우리 존재의 고향이기도 하다.

사실, 그 전념과 집중에 상관없이 마하반야바라밀은 우리가 언제 어느 곳에 있든 우리를 항상 따라붙는다. 그러므로 우리는 그에 합당한 구체적인 태도를 갖춰둬야만 한다.

그 태도로써 네 가지 마음이 있다.

첫째, 온 마음을 오로지 마하반야바라밀에만 쏟아 붓겠다는 강한 다짐이 필요하다. 마하반야바라밀은 우리 각자의 고향이라고 했다. 돌아가고자 하는 마음은 당연한 것이다. **귀의심(歸依心)**이라고 한다.

둘째, 좋은 일이든, 궂은일이든, 자신에게 닥치는 모든 일은 마하반야바라밀이 알아서 하는 것이므로, 뭐든 기

꺼이 받아들이겠다는 마음이 있어야 한다. 목숨을 달라 하면 목숨을 내놓을 수 있어야 한다. 제 1장에서 말한 **신심(信心)**이 된다.

셋째, 앉으나 서나, 늘 마하반야바라밀과 함께 있으므로 한순간도 마하반야바라밀을 잊지 않겠다는 생각을 놓치지 말아야 한다. 어머니가 집나간 자식을 생각하듯 마하반야바라밀을 생각하여야 한다. **항상심(恒常心)**이라고 한다.

넷째, 어떤 악조건이 자신 앞에 펼쳐지더라도 마하반야바라밀에 의지하는 마음에서 물러서지 않겠다는 생각을 다지고 또 다져야 한다. 전장의 장수도 물러섬이 없는데, 자기 존재를 찾아 나선 구도자가 물러서는 마음을 내서야 쓰겠는가? 이는 **불퇴심(不退心)**이 된다.

이 네 가지 마음이 갖춰졌으면, 본 통명상 수련의 준비가 다 된 것이나 다름없다.

3. 통 지금까지 '통이 뭐지?' 하고 궁금했던 분이 계셨을 것이다. 통은 말 그대로 순수 우리말 통이다. 어떤 물건을 담을 수 있는 큰 그릇을 통이라고 하듯이, 본 명상

에서의 통도 마찬가지로 무엇을 담을 수 있는 통이다. 여느 통과 다른 것은 마하반야바라밀 통이라는 점이다. 그림으로 예시(例示)해 보겠다.

처음, 본 명상을 실수(實修)할 때, 꼭 필요한 도구가 위 그림의 마하반야바라밀 명상용 통이다. 이 통은 종이나, 천으로 만들 수 있다.

좌선을 했을 때, 시선이 머무는 1미터 전방에 두는 것 이므로 50×50(센티) 크기의 사각형 보에 위 그림과 같은 원상을 거의 꽉 차게 그려 넣으면 도구가 완성된다. 일단 이 도구를 편의상, '마하반야바라밀 명상보(褓)'라 고 불러 둔다.

재주가 있다면 입체적으로 원통을 만드는 것도 괜찮다. 할 수만 있다면 바가지를 마하반야바라밀 통으로 모셔도 좋다. 어쨌든 모양은 반드시 원상(圓相)이어야 한다. 원 (圓)은 모든 것을 섭수하고 소멸시키는 작용을 하기에 그 렇다.

이와 같은 명상보(冥想褓)를 거룩하게 한번 만들어 보라 고 불교용품점에 권해놨는데, 아마 이 책의 출간과 동시 에 상품화가 되지 싶다.

그리고 그 원상이 평면이든, 입체든 간에 중요한 것은 통에 대한 본인의 마음가짐이다. 마하반야바라밀의 의미 가 매트릭스(matrix, 母體)라고 하였듯이, 마하반야바라 밀 통은 모든 것을 낱낱이 받아들이는 통이 된다.

그러므로 내 마음에서 일어나는 모든 생각을 통 속에 집어넣는 기술을 터득해야 한다. 통 속에 생각을 집어넣 는 일만 성공하면 존재와 만날 시각이 멀지 않다. 그러 기 위해서 아까 말한 네 가지 마음이 근본이 되어야 한다.

그러니까 마하반야바라밀 통명상이란 자신이 일으키는 모든 생각을 마하반야바라밀 통 속에 집어넣어 삶에서 일어나는 희로애락의 모든 처결을 마하반야바라밀에게 완전히 맡기는 명상법을 말한다.

다시 핵심을 집어 말하면, '나를 없애는 명상법'이라고 할 수 있다. 이제 각각의 말이 뜻하는 바를 알았으니 구체적인 명상 행법에 돌입해 보자.

4. 행법(行法) 1단계 네 가지 마음을 갖추기 위한 세 가지 습관을 먼저 길들여야 한다. 세 가지 습관이란 첫째, 생각의 습관, 둘째, 말의 습관, 셋째, 몸의 습관이다.

첫째, 앉고, 서고, 눕고, 걷는 것, 잠자고, 먹고, 일하고, 쉬는 것……, 등 일상사의 모든 행동을 마하반야바라밀이 행하는 것이라고 생각하라.

내가 하는 것은 없다. 숨 쉬는 것조차 마하반야마라밀이 하는 것이라고 생각하라. 부디, 내가 하는 것은 하나도 없다고 생각하라. 모든 것을 마하반야바라밀이 하는 것이라는 생각을 길들여라. 깊이 길들여라.

둘째, 입으로 쉼 없이 외우라. '마하반야바라밀, 마하반야바라밀…….' 입 안에서 구슬을 굴리듯이 마하반야바라밀을 천 번이든 만 번이든 외우라. 앉아도 마하반야바라밀, 누워도 마하반야바라밀을 외우라. 슬퍼도 마하반야바라밀, 기뻐도 마하반야바라밀, 소리를 내어 외우라. 소리가 클수록 더 좋다. 외고 또 외라. 나중에는 입 안에서 향내가 나리라.

셋째, 바른 자세를 유지하는 것을 길들여야 한다. 통명상의 행법이 몸에 익기 전에는, 반드시 앉아서 마하반야바라밀을 생각하고 마하반야바라밀을 외워야 한다. 바르게 앉기를 길들여라. 바르게 앉기란 허리를 곧게 펴고 어깨에 힘이 들어가지 않은 자세를 말한다.

그러려면 앉은 자세에서 두 무릎이 바닥에 찰싹 붙어야 한다. 엉덩이 쪽에 방석을 높이면 쉽게 된다. 결가부좌든, 반가부좌든, 평좌든, 자신이 편한 자세를 선택하라. 명심할 것은 하루에 1시간 이상은 무조건 앉아 있어라. 이것은 명령이다. 엎어진 자만이 일어설 수 있다. 1시간 이상 꼭 앉아 있어라.

그리고 허리가 곧게 펴졌거든 호흡을 고르게 하라. 굳이 기존 명상서적의 호흡법을 따라 할 필요는 없다. 숨을 입으로 들이쉬는 것만 삼가면 된다. 입으로 들이쉬면 걸러지지 않은 바깥 공기가 몸의 균형을 흩트린다. 입으로 내뱉는 숨은 괜찮다. 다만 마하반야바라밀과 함께 호흡하라.

위 세 가지가 어느 정도 훈련되었으면(10일 정도 하면 된다.) 본격적인 통명상 수련에 돌입하는데, 위 습관이 순순히 익혀졌다면 통명상은 식은 죽 먹기처럼 쉽다.

5. 행법(行法) 2단계 행법 1단계를 갖춘 상태에서 두 가지만 보태면 마하반야바라밀 통명상의 실수(實修)가 이뤄진다. 하나는 시각(視覺)이고, 또 하나는 생각이다.

먼저 시각에 대해 말한다. 통에서 설명한 마하반야바라밀 명상보(褓)를 앉은 자리의 1미터 전방에 펼쳐놓는다.

그리고 자세를 갖춘 다음, 눈을 완전히 감지 말고 지그시 내리감아 시선을 명상보에 그려진 마하반야바라밀 통과 일치시켜라.

마하반야바라밀 통은 나의 모든 것을 모조리 받아주는

통임을 명심, 또 명심하라. 그 마하반야바라밀 통을 칭
송하는 마음으로 마하반야바라밀을 외우라. 마하반야바
라밀 한 구절, 한 구절이 모두 통 속으로 들어간다는 생
각을 가져라. 시선을 흩트리지 마라.

그리고 마하반야바라밀은 물론 들어간다는 생각마저 통
속에 집어넣어라. 집어넣어라. 마하반야바라밀 외에 딴
생각이 일지 않으면 존재와 만난다.

문제는 생각이다. 우리의 생각은 시시각각 변화하며 또
한 쉼 없이 새롭게 일어난다. 마하반야바라밀만 생각해
도 딴생각이 침범하게 돼 있는 것이 정상이다. 딴생각이
일어난 것을 즉각 알아차려 마하반야바라밀을 외며 그
딴생각을 통 속에 집어넣어라.

즉각 알아차리는 것이 중요하다. 알아차리고 집어넣어
라. 그리고 입으로 계속 마하반야바라밀을 외는 것을 늦
추지 마라.

딴생각이 좋은 것이든, 나쁜 것이든, 절대로 생각이 꼬
리를 물지 않게 하라. 마하반야바라밀, 내 생각은 없습
니다. 지금 일어나는 이 생각은 위대한 당신의 것입니
다. 마하반야바라밀이시여, 알아서 처리하십시오.

마하반야바라밀…. 이런 식으로 생각 생각을 마하반야바라밀 통에 올인(all in)시켜라. 근심이 있거든 근심을, 소원이 있으면 소원을, 슬픔이든, 기쁨이든, 전부 마하반야바라밀 통 속에 집어넣어라. 마하반야바라밀 통은 믹싱(mixing)의 신이다.

그대가 주는 모든 생각을 맡아두었다가 적재적소에 그대에게 맞는 것을 현상이란 형태로 돌려줄 것이다. 마음을 전부 쏟아 부어라. 마하반야바라밀에….

6. 행법(行法) 3단계 2단계 과정을 빠뜨림 없이 30일 이상 수련했다면 이제 그대에게 명상보는 더 이상 필요하지 않다. 처음부터 지금껏 내가 말한 대로 정상적인 수련을 했다면 거리로 나가보라.

꽃이든, 나무든, 사람이든, 전부 마하반야바라밀로 보일 것이다. 자동차의 경적소리도, 아이의 웃음소리도, 전부 마하반야바라밀로 들릴 것이다. 그리고 가슴에 기쁨의 물결이 출렁댈 것이다. 〈나〉없는 기쁨이 이토록 큰가! 놀라며 저절로 마하반야바라밀을 외치게 될 것이다. 마하반야바라밀, 마하반야바라밀….

이제 그대는 행주좌와(行住坐臥)를 마하반야바라밀로써 살게 되었다. 수련의 막바지에 이른 것이다. 머지않아 그대는 존재와 하나 되는 경험을 분명히 하게 될 것이다. 마하반야바라밀, 마하반야바라밀, 마하반야바라밀……

오오, 놀라워라. 그가 바로 나였다니!

봄을 찾아 진종일 헤매었네.
짚신이 다 닳도록 헤매었네.
뒤뜰 앞,
매화나무 가지 끝에
봄이 달려 있는 것을….

글을 마치며

콘크리트 틈새에 피어난 바래기풀 한 포기에서 이 글은 시작되었다. 지금 앞마당에는 바래기풀이 한창 씨앗을 여물리고 있다. 이 글을 쓰는 동안 나는 수시로 바래기풀과 대화를 나누었다.

"뭐를 쓸까? 바래기풀아,"

글쓰기가 힘들 때, 나는 바래기풀 앞에 쪼그려 앉아 물었다. 그러면 바래기풀은 언제나 줄기를 흔들며 내게 답을 주었다. 물론 답은 한결같았다.

"살아 있는 글을 쓰세요."

바래기풀은 온몸으로 생명을 보여주며 나를 다독거렸다. 나는 그런 그의 모습을 사진기에 담아두었다. 나중에 누가 이 책에 대해 물으면, 내가 쓴 글들이 진실임을 보여주고 싶었기 때문이다.

실제로 여기 실린 글들은 전부 실화(實話)이다. 다 된 음식에 나는 소스만 뿌렸을 뿐이다. 먹어준 여러분께 감사드린다. 그리고 누구보다도…,

"바래기풀아, 정말 고맙다."

2011.여름 끝자락에 석호

작은 기적
첫판 1쇄 펴냄 2011년 9월 20일

지은이   석   호
펴낸이   이 성 한
펴낸곳   연화출판
편 집   김 정 희

등록 2001. 10.5. 제03-01-490호
주소 대구시 중구 남산동 932-27번지
전화 053) 253-1923
전송 053) 254-8711

ISBN 978-89-960374-2-2